오스왈드 챔버스의 성령론

He Shall Glorify Me
Talks on the Holy Spirit and other themes
Oswald Chambers

copyright © Oswald Chambers Publications Association 1946
Scripture versions quoted: KJV, RV, MOFFATT

Korean translation copyright ⓒ 2010 by Togijangi Publishing House
2F, 71-1 Donggyo-ro. Mapogu, Seoul 04018, Korea

This Korean edition is published by arrangement with Discovery House Publishers(3000 Kraft Avenue SE, Grand Rapids, Michigan 49512 USA.)

본 저작물의 한국어판 저작권은 Discovery House Publishers와의 독점 계약으로 한국어 판권을 '도서출판 토기장이'가 소유합니다. 저작권법에 의하여 한국 내에서 보호를 받는 저작물이므로 무단 전재와 무단 복제를 금합니다

특별한 표기가 없는 모든 성경 구절은 개역개정성경을 인용한 것입니다.

오스왈드 챔버스의 성령론

오스왈드 챔버스 지음 · 스데반 황 옮김

토기장이

서언

하나님의 은혜로운 손길을 보여주는 챔버스의 가르침

보화 같은 오스왈드 챔버스의 작품에 간략한 서언을 써달라고 부탁을 받게 되어 영광이다. '서언'은 사람들로 하여금 이 책을 읽게 하여 생명을 주는 진리를 공유하도록 돕는 것이다.

'O.C.' 오스왈드 챔버스와 막역한 사이였던 나는 그의 삶이 진리를 깨우칠 때뿐 아니라 매일의 일상 속에서 사람들과 사건들을 접하면서 더욱 영적인 힘과 비전으로 가득 차는 것을 보았다. 자신이 깨달은 진리대로 살아가는 그의 삶은, 참으로 하나님께 철저하게 드려진 삶이었다.

챔버스의 작품 전체는 하나님의 은혜로운 손길이 얼마나 큰지를 보여주는 탁월한 증거이다. 챔버스는 삶의 마지막 두 해를 YMCA 이집트 사막에서 사역하며 보냈다. 군병들로 가득 찬 그곳에서 그는 매일 저녁 매우 중요한 주제로 그들에게 영적인 가르침을 나누는 데 헌신하였다. 이 책은 당시의 그의 방대한 가르침과 주일에 전한 설교를 엮은 것이다.

　그 후 챔버스는 1917년에 하나님의 갑작스러운 부르심을 받고 본향으로 갔다. 그가 세상을 떠난 해 성탄절에 책자 하나가 출판되어 이집트와 팔레스타인의 군병들에게 나누어지게 되었다. 그 책자는 「도움의 장소」라는 제목으로 처음 출판된 것인데, 앞으로 몇 권의 다른 책들이 더 출판될지는 아무도 예상하지 못했다. 그런데 다른 책들도 곧바로 이집트와 영국에서 동시에 출판되었다. 나는 처음부터 지금까지 챔버스의 모든 책의 출판에 관여해왔다. 이는 나의 기쁨이며 특권이기도 하다. 점점 챔버스의 모든 책들에 대한 수요가 많아졌고 여러 나라의 언어로 번역되었다. 그러자 사람들은 하나님께서 이 위대한 책들을 통해 주의 목적을 이루신다는 사실을 확실히 실감하게 되었다.

　영성 깊은 이 책을 읽고 연구하고 즐기라. 당신이 직접 'O.C.'가 자주 언급한 "가장 위대한 날은 아직 오지 않았다"는 의미를 알아보도록 하라.

퍼시 럭크하트

오스왈드 챔버스의 결혼식 때 신랑 들러리였던 그는 챔버스의 책이 출판되는 과정에서 챔버스의 부인 B.D. 챔버스 곁에서 가장 많은 도움을 준 사람이다—역주.

차례

서언

1부 성령이 예수를 영화롭게 하리라

1. 성령께서 오셨다 … 011
2. 예수 그리스도로부터 온 선물 … 017
3. 궁핍 가운데 풍요 … 026
4. 가장 위대한 날은 아직 오지 않았다 … 034
5. 성령의 전 … 042
6. 왜 성령 세례를 받는가? … 050
7. 예수님의 관점 … 057
8. 부활절 메시지 … 065
9. 중립은 없다 … 073
10. 친애하는 두려운 분, 주님 … 079
11. 주님의 기쁨 … 090
12. 귀를 기울여야 할 주의 음성 … 095
13. 이제 주를 봅니다 … 103

2부 주의 능력으로 승리하리라

14. 광야 생활 … 113
15. 하나님의 희생 … 121
16. 패배에 대한 두려움 … 126
17. 헌신에 의한 발견 … 135
18. 잃어야 얻는다 … 140

19. 승리의 묵시 … 146

20. 새하늘과 새땅을 보라 … 152

21. 기후를 다스리시는 하나님 … 162

22. 하나님의 이름으로 … 178

23. 용서의 능력 … 188

24. 하나님이 부르실 때 … 200

25. 영적 착각에서 벗어나라 … 207

26. 하나님과 함께하는 골방 … 214

3부 그리스도의 제자로서 순종하리라

27. 슬픔의 증거 … 221

28. 진심과 실체 사이 … 228

29. 헌신된 '우리'인가 '나'인가? … 233

30. 내적 사역 … 239

31. 그리스도의 면류관과 언약을 위하여 … 243

32. 빛 가운데 거하기 … 249

33. 하늘나라에서 가장 작은 자 … 255

34. 그리스도 안에서 바울 따라하기 … 259

35. 제자도 … 266

36. 믿음에 관한 사역자의 길 … 272

37. 예수께 나아가는 삶 … 278

역자후기 … 285

1부

성령이 예수를 영화롭게 하리라

성령을 선물로 받은 삶의 특징은 하나님을 향한 헌신이다. 위기가 오기까지는 자신이 주님께 헌신되어 있다는 사실마저 모를 정도이다. 당신이 예수님과 연합되어 있으면 당신의 체험에 대하여 강조하지 않고 당신 자신을 위하여 기도하지도 않는다. 그 이유는 예수님께서 아버지와 하나이신 것처럼 우리도 주님과 하나가 되기 때문이다.

1장 성령께서 오셨다

"그러나 진리의 성령이 오시면 그가 너희를 모든 진리 가운데로 인도하시리니 그가 스스로 말하지 않고 오직 들은 것을 말하며 장래 일을 너희에게 알리시리라 그가 내 영광을 나타내리니 내 것을 가지고 너희에게 알리시겠음이라" 요 16:13-14.

성경에서는 두 번에 걸쳐 성령이 임하신 사건이 나온다. 즉, 주님께서 세례를 받으실 때와 오순절 날에 성령이 임하셨다. 그러나 성령의 능력과 인격적인 임재는 동일하지 않다. 성령의 능력은 성령께서 인격적으로 임하시기 전에 이미 이 세상에서 강력하게 역사하고 있었다. 지금 이 세대에서는 성령의 능력뿐 아니라 그분의 인격적인 임재가 우리와 함께하고 있다.

하나님의 평강

"성령이 비둘기 같은 형체로 그의 위에 강림하시더니 하늘로부터 소리가 나기를 너는 내 사랑하는 아들이라 내가 너를 기뻐하노라 하시니라"눅 3:22.

성령께서는 첫 번째로 인자the Son of Man 위에 임하셨다. 인자는 그분의 위격Person 안에서 전 인류를 대표하고 있었다. 역사 속의 예수 그리스도는 하나님께서 성육신한 분이셨다. 성령께서는 예수님이 세례를 받으실 때 그분 위로 내려오셨다. 이때 주님이 받으신 세례는 회개의 세례였다. 이 세례를 통해 예수 그리스도는 이 세상의 죄를 짊어져야 하는 소명을 분명하게 받아들이셨다.

우리는 세례 요한을 단순한 개인으로 간주해서는 안 된다. 예수님은 그에 대해 "여자가 나은 자 중 가장 위대한 선지자"라고 말씀하셨다. 그는 선지자의 계열에서 마지막 인물로서, 하나님의 음성이 전혀 들리지 않았던 사백 년의 공백 후에 나타나 홀로 강한 음성을 내보였다.

"주의 길을 준비하라 그의 오실 길을 곧게 하라"눅 3:4.

예수님께서 그를 만나 세례와 관련하여 말씀하셨다.

"이제 허락하라 우리가 이와 같이 하여 모든 의를 이루는 것이 합당하니라"마 3:15.

오직 주님께서 인자로서 세상 죄를 지는 소명을 받아들이셔야 모든 의가 완성된다. 예수님은 "평강의 왕"이시다사 9:6. 사람은 오직 예수 그리스도 안에서만 하나님과 화평할 수 있고 그분 안에서만 이 땅에 평화가 임한다. 하나님께 감사하자. 사랑하시는 아들로 말미암아 하나님의 위대한 평강이 하늘 아래 모든 사람들의 마음과 각 나라에 임할 수 있게 되었다. 다른 방법으로는 평강이 임할 수 없다. 그 누구도 하나님의 아들의 말씀을 듣지 않고서는 하나님과 화평할 수 없다. 당신은 혹시 예수님이 세례 받으실 때 하늘로부터 들려온 말씀을 가볍게 여기지는 않았는가? 변화산 상에서도 하늘 아버지께서는 화평과 구원과 능력을 향한 유일한 길이 오직 인자 안에 있다고 말씀하셨다. 하나님의 모든 축복과 자비가 개인뿐 아니라 전 세계를 향하여 넘칠 수 있는 길도 오직 인자 안에 있다.

하나님의 능력

"마치 불의 혀처럼 갈라지는 것들이 그들에게 보여 각 사람 위에 하나씩 임하여 있더니"행 2:3.

성령께서 두 번째로 강하게 임하신 때는 오순절 날이었다. 이때 하나님의 능력이 성령의 위격 안에서 이 땅에 임하였다. 성경의 기록을 보면 성령을 체험한 사람들은 전 세계에서 모여든 경건한 유대인들이었다. 성령이 임하자 놀라운 기적이 일어났다.

"우리가 우리 각 사람이 난 곳 방언으로 듣게 되는 것이 어찌됨이냐"행 2:8.

성령은 이때 불의 갈라진 혀와 같은 형상으로 임하셨다. 제자들은 위로부터 능력이 임할 때까지 기다리라는 주님의 말씀을 들었다. 예수 그리스도께서 영광을 받으시자마자 성령께서 이 땅에 인격적으로 임하셨다. 하나님의 작정대로 때가 차매 하나님의 아들이 이 땅에 오셨고 성령께서 그분 위에 비둘기 형상으로 임하셨다. 주께서 아버지의 오른편에 올라 영광을 받으신 후 능력의 성령을 보내셨다.

우리는 하나님께서 인간의 혀를 혼잡하게 하여 서로 이해하지 못하도록 하신 사건을 안다창 11장. 그러나 오순절 날에는 성령의 인격적인 임재와 동반한 '불의 혀'로 인하여 언어가 다른 사람들끼리 서로 이해할 수 있는 현상이 나타난다. 이는 죄가 십자가에서 씻음 받았다는 사실을 세상 멀리까지 강력하게 증거하는 사건이다.

각 개인에게 성령이 주어지는 사실을 믿는 것과 성령께서 역사 가운데 이 땅에 오셨다는 계시를 받는 것은 다르다. 성령께서는 모든 능력의 충만 가운데 인격적으로 이곳에 와 계신다. 그러나 그분의 능력은 오직 예수 그리스도께서 행하신 것을 드러내는 차원에서 역사한다. 곧 성령님은 예수 그리스도를 영화롭게 하기 위해서만 역사하신다. 성령을 받는 자는 영광을 입으신 예수님께 생명을 받는다. 이제 성령께서 비추시는 빛 가운데 거하는 사람은 예수님의 가르침과 완성된 구원을 이해할 수 있다.

> "내가 진실로 진실로 너희에게 이르노니 나를 믿는 자는 내가 하는 일을 그도 할 것이요 또한 그보다 큰일도 하리니 이는 내가 아버지께로 감이라"요 14:12.

사도들로 하여금 신약성경을 쓰도록 감화하신 분도 이 능력의 위격인 성령이시다. 성령께서는 예수 그리스도가 이 세상을 떠나신 이후 신약성경에 나타난 주님의 가르침을 해석하셨다.

하나님의 인내

> "다 한 성령으로 세례를 받아 한 몸이 되었고"고전 12:13.

우리는 성령 세례로 인해 독립적인 개별성에서 벗어난다. 성령께서 일깨우시고 하나님과 교통하게 하시는 것은 우리의 인격성이다. 개별적인 자기 주장은 껍질일 뿐이며 주님과 함께하는 인격적인 정체가 알맹이다. 성령은 우리를 그리스도의 몸으로 연결하여 세우신다.

예수 그리스도께서 이루신 모든 일들은 성령에 의해 실질적으로 우리의 것이 된다. 주님께서 우리를 위하여 이루신 일들을 성령께서 우리 안에서 적용하신다. 성령의 은사는 각 개인을 높이기 위함이 아니라 그리스도의 몸 전체를 유익하게 하기 위함이다. 그리스도의 몸은 유기체로서, 하나님께서는 그리스도의 몸이 형성되는 데 오래 참아주신다.

주님은 성령의 인격적인 '열정'을 요약하셨다.

"그가 내 영광을 나타내리니 내 것을 가지고 너희에게 알리시겠음이라" 요 16:14.

'고통'이라는 단어는 세상에 생긴 이래 일반적으로 인간의 질병을 의미해왔다. 그러나 '주님의 고통'은 우리의 고통을 평화와 능력과 인내의 열정passion으로 승화시켜 놓았다.

2장 예수 그리스도로부터 온 선물

내면에 계시는 초월자

"진실로 진실로 네게 이르노니 사람이 거듭나지 아니하면 하나님 나라를 볼 수 없느니라" 요 3:3.

'내면에 계시는 초월자'라는 표현은 주님께서 니고데모에게 하신 말씀을 요약한다. 볼 수 있는 능력은 내면에 있고 눈에 보이는 것은 밖에 있다. 그렇지 않으면 망상이다. 성령이 임하시면 새로운 통찰력이 생긴다.

"저희 눈이 밝아져 그인 줄 알아보더니 … 이에 저희 마음을 열어 성경을 깨닫게 하시고" 눅 24:31,45.

성령께서 나의 인격적인 영을 다시 살리실 때, 나의 내면에는 '초월적인' 살리는 영이 임한다. '초월자'께서 내면으로 들어오시는 즉시 나의 내면은 '저 위로' 들어올려진다. 그러면 나는 예수님이 계시는 영역으로 들어간다.

"니고데모가 이르되 사람이 늙으면 어떻게 날 수 있사옵나이까"요 3:4.

니고데모의 질문은 예수님의 말꼬리를 붙잡고 따지자는 의미가 아니었다. 그는 "사람이 거듭나지 아니하면 하나님의 나라를 볼 수 없느니라"는 예수님의 말씀을 듣고 마음속에 진지하고 심오한 의문을 품었던 것이다. 그 당시 랍비들은 이방 종교에서 유대교로 개종하면 "거듭났다"고 말하였기 때문에 그 표현은 니고데모에게 새로운 것이 아니었다. 그러나 예수님께서 사용하신 거듭남의 의미는 너무나 놀라운 사건에 관한 말씀이었다.

"내가 네게 거듭나야 하겠다 하는 말을 놀랍게 여기지 말라"요 3:7.

이것은 자기 계발이나 교육을 뜻하는 것이 아니라 '다시 태어나야 한다'는 뜻이다. 즉, "근본적으로 모든 것을 다시 새롭게 해야 하나님 나라를 볼 수 있으며 그곳에 들어갈 수 있다"는 말씀이다.

지금 예수님께서는 소위 죄인으로 불리는 사람에게 말씀하신 것이 아니다. 예수님의 말씀에는 죄에 대한 언급이 전혀 없다. 주님은 "이스라엘의 선생"이라고 불리는 매우 종교적인 사람에게 "네가 거듭나야 한다"고 말씀하셨다. 만일 죄를 '외적으로 보이는 잘못된 행위'로 정의한다면, 당신은 니고데모와 같은 사람을 죄인으로 여기지 못할 것이다. 부자 청년에 대하여는 더더욱 그럴 수 없을 것이다. 부자 청년이 말하였다.

"이것은 내가 어려서부터 다 지키었나이다"눅 18:21.

다소의 사울은 "율법의 의로는 흠이 없는 자"였다빌 3:6. 즉, 외적으로는 잘못 행하는 것이 전혀 없었다는 뜻이다. 따라서 니고데모, 부자 청년, 사울 모두 외적인 행위만으로 보면 죄인일 수 없다.

'상하고 깨어진 사람들'에 대해 말하면서 빈민촌으로 가서 사람들을 구원하겠다고 말해보라. 모든 사람들이 당신에게 공감을 느끼며 고개를 끄덕일 것이다. 그러나 니고데모는 소위 '상하고 깨어진' 인생이 아니었다. 사회에서 밀려난 사람도 아니었다. 바리새인이던 그는 제대로 교육 받은 교양인이었다. 나아가 자랑스러운 신분을 지닌, 권력 있는 산헤드린 공회의 일원이었다. 그런데 그 사람 앞에서 나사렛의 젊은 목수가 조용하고 분명하게 말한다.

"네가 거듭나야 하겠다."

이 말을 듣고 니고데모가 당황하며 이렇게 생각한 것은 당연하다. '교육이나 종교로 자신을 조금이라도 발전시킬 수 있다고 하셨다면 이해할 수 있었을 텐데…. 내 성향 속에 있는 못된 성품을 조심스럽게 훈련하라고 말씀하셨다면 이해할 수 있었을 텐데…. 그런데 모든 것을 새롭게 해야 한다고 하시니 도무지 이해할 수가 없구나.'

예수 그리스도의 구원은 버림받고 짓밟히는 사람들만을 위한 것이 아니다. 깨끗하고 바르고 당당하게 사는 사람들을 위한 것이기도 하다. 예수님께서 복음을 제시하신 방법대로 당신도 사람들에게 복음을 제시해보라. 가장 거세게 반발하는 사람들은 니고데모와 같은 부류의 사람들일 것이다. 예수 그리스도는 사람들이 스스로 할 수 없는 일을 하기 위해 오셨다. 그것은 바로 사람들의 성향을 바꾸는 일이다.

"사람이 늙으면 어떻게 날 수 있사옵나이까" 요 3:4.

이것은 성령님을 선물로 받음으로 가능하다. 성령께서는 예수님이 당신을 위하여 하신 일을 당신 안에 적용하신다. 이때 하나님의 주권적인 능력이 사람의 내면을 재창조하고 그 내면은 하나님께 잘 맞도록 재조정된다. 이처럼 성령은 인간의 삶 속에서 구속의 효과가 나타날 수 있도록 역사하는 분이시다. 성경에 기록된 대로 구원을 받은 사람이 기쁨으로 충만하게 되는 것은 당연하다.

"내가 네게 거듭나야 하겠다 하는 말을 놀랍게 여기지 말라"요 3:7.

주님은 우리가 이 땅에 살면서 하늘로부터 다시 태어나는 실질적인 체험의 순간에 대해 말씀하신다. 성경에서의 '거듭남'이란 현대 심리학자들이 말하는 '잠재의식의 드러남'이 아니다. 즉, 무언가 우리 내면에서 새롭게 나오는 차원이 아니라 외부에서 무엇인가가 안으로 들어오는 개념이다. 마치 주님께서 외부에서 이 세상으로 들어오신 것처럼, 주님께서 나의 외부에서 내 안으로 들어오시는 것이 '거듭남'이다. 이때 하나님의 말씀 안에서, 또한 말씀을 통해 '중생의 씻음'이 우리의 인격적인 삶 속에 각인된다.

"너희가 거듭난 것은 썩어질 씨로 된 것이 아니요 썩지 아니할 씨로 된 것이니 살아 있고 항상 있는 하나님의 말씀으로 되었느니라"벧전 1:23.

성령의 역사는 언제나 하나님의 말씀과 연결되어 있다. 이를 인식하는 것이야말로 모든 위험한 망상으로부터 우리 자신을 안전하게 지키는 유일한 방법이다.

오늘날 우리의 믿음은 논리적인 차원에서 이성화되고 있다. 사람들은 초자연적인 요소들을 거부하지만 성령은 사람의 이성을 초월하는 일들을 하신다. 사람이 근본적으로 완전히 새로워지지 않으면, 진정한 그리스도인이 된다는 것은 불가능하다. 그러나 "네가 거듭나야 하겠다"는 예수님의 말씀으로 모든 것이 다 변한다. 이 부분을 놓쳤다면 다시 찾아야 할 것이다.

위에 계시며 내 안에 계신 분

"예수께서 대답하여 이르시되 네가 만일 하나님의 선물과 또 네게 물 좀 달라 하는 이가 누구인 줄 알았더라면 네가 그에게 구하였을 것이요 그가 생수를 네게 주었으리라" 요 4:10.

사람들은 하나님으로부터 무언가 선물로 받는다는 개념에 익숙하지 않다. 스스로 기도와 순종에 의하여 뭔가를 얻어야 한다고 생각한다. 그러나 우리 힘으로 하나님께 얻어낼 수 있는 것은 아무것도 없다. 우리는 가난한 사람처럼 받을 수 있을 뿐이다. 받지 않으면 아무것도 없다. 위 구절에서 주님은 선물의 가장 근본적인 속성에 대해 설명하신다.

"그가 생수를 네게 주었으리라."

선물은 생수이고, 살아 있는 놀라운 실체이다. 성경에서 이 여인과 예수님의 만남은 참으로 심오하다. 이 사건은 복음의 가장 위대한 의미로 가득 차 있다. 우리는 그 깊이를 충분히 다 헤아릴 수 없지만, 이 사건에서 성육신하신 전능자 하나님께서 허리를 숙이시고 죄 많은 한 여인을 끌어올리시는 모습을 본다. 이 장면은 바로 주님의 구원이 사람 가운데 역사할 때의 모습이다.

주님은 그 여인의 관심을 끌기 위해 특별한 수단을 사용하지 않으셨다. 어쩌다가 그 여인이 거기에 오게 된 것이고 예수님께서는 사마리아로 통행하셔야 했다요 4:4. 주님의 대화 과정을 살펴보면 참으로 놀랍다. 주님은 그녀가 죄인이라는 사실을 지적함으로써 대화를 시작하지 않으셨다. 단지 그녀에게 물을 좀 달라고 하셨다. 사람이 남에게 은혜를 베풀 때는 부끄러움을 느끼지 않는다. 따라서 예수님께 물을 드리는 죄 많은 여인은 예수님을 두려워하지 않게 되었다. 한편 바리새인들은 주님을 미워했다. 예수님께서 그들에게 말씀하셨다.

"내가 진실로 너희에게 이르노니 세리들과 창녀들이 너희보다 먼저 하나님 나라에 들어가리라"마 21:31.

우물가의 여인은 물을 달라고 하시는 예수님의 요청에 놀랐다. 예수님의 인품 때문이 아니라 국적 때문에 놀랐고 외적인 요인으로 인해 당황했다.

"당신은 유대인으로서 어찌하여 사마리아 여자인 나에게 물을 달라 하나이까 하니 이는 유대인이 사마리아인과 상종하지 아니함이러라"요 4:9.

하나님의 관점에서 이 여인은 전 인류를 대표하기에 "당신은 유대인 … 사마리아 여자"라고 부르는 이 호칭은 뭔가 부족하다. 예수 그리스도는 성육신하신 전능자 하나님으로서 이 여인을 만나셨다.

"네가 만일 하나님의 선물을 알았더면 … 그가 생수를 네게 주었으리라" 요 4:10.

하나님의 선물은 그분의 아들 예수님이고, '예수님'의 선물은 성령이다. 예수님은 이스라엘의 선생에게 '하나님의 선물'에 대하여 아무 말씀도 하지 않고 단지 그가 거듭나야 할 필요를 말씀하셨다. 그러나 가난하고 무지하며 죄 많은 여인에게는 하나님의 선물에 대하여 말씀하셨다. 주님은 그녀에게 "네가 거듭나야 하겠다"고 말씀하지 않으시고 그녀를 거듭나게 하는 '선물'성령에 대하여 말씀하셨다. 그 선물은 그녀 안에서 '영생하도록 솟아나는 샘물'이다. 주님은 구원에 대한 의미를 고상한 성품의 니고데모에게는 설명하지 않으셨지만 죄 많은 여인에게는 상세하게 하셨다. 대화 과정에서 이 여인은 자신도 모르는 사이에 구원을 이해하게 되었다. 이 여인은 분명히 혼동되었지만 그럼에도 주님을 신뢰하고 그 선물을 구했다.

"주여, 그런 물을 내게 주사 목마르지도 않고 또 여기 물 길으러 오지도 않게 하옵소서" 요 4:15.

여인이 이 부탁을 한 즉시, 그녀의 삶에 대한 질책이 따라왔다요 4:16-18. 성령은 언제나 이렇게 역사하신다. 따라서 처음부터 사람의 죄를 책망하려는 자세는 성령의 자리를 빼앗는 것과 마찬가지이다.

주님께서는 체험의 단계에 대하여 말씀한 적이 없으시다. 주님은 우리의 지식에 초점을 맞추지 않으시고 우리와의 관계를 통해 지도하신다. 주님은 우물가의 여인을 하나님의 은혜로 인도하셨다. 하나님의 넘쳐흐르는 은혜의 샘! 은혜가 너무나 많이 흘러넘쳐서 우리는 은혜를 발로 밟을 때도 많다. 은혜가 너무나 흔하고 익숙하여 우리는 은혜를 무시한다. 그럼에도 예수님께서는 하나님의 은혜로 죄인을 대하신다. 하나님의 은혜의 특징은 각 사람을 영생하는 생명, 곧 '생수의 근원'으로 연결시킨다. 그때 사람의 마음은 끝없는 생수로 인한 맑은 마음 가운데 충만한 생명으로 가득 차게 된다.

3장 궁핍 가운데 풍요

"명절 끝날 곧 큰날에 예수께서 서서 외쳐 이르시되 누구든지 목마르거든 내게로 와서 마시라 나를 믿는 자는 성경에 이름과 같이 그 배에서 생수의 강이 흘러나오리라 하시니 이는 그를 믿는 자들이 받을 성령을 가리켜 말씀하신 것이라(예수께서 아직 영광을 받지 않으셨으므로 성령이 아직 그들에게 계시지 아니하시더라)" 요 7:37-39.

우리 주님이 위대한 계시의 사실들을 다루신다면, 성령께서는 체험 단계를 상세하게 설명하신다. 주님은 구원의 진리를 회심, 중생, 거룩으로 분리시키지 않으시고 큰 덩어리로 제시하셨다. 후에 사도들이 그 진리를 하나님의 백성들이 받아들일 수 있도록 펼쳤다. 그래서 그들의 글에서 우리는 체험의 단계를 알 수 있다. 서신서를 대할 때마다 승천하신 예수님의 말씀으로 대하도록 하라.

"이 글은 단지 바울이 말한 것"이라고 말하지 말라. 우리는 서신서에서 바울의 생각이 아니라 성령의 생각을 얻는 것이다. 서신서가 쓰여지기 위한 수단으로서 바울, 베드로, 요한이 쓰임을 받았을 뿐이다.

"예언은 언제든지 사람의 뜻으로 낸 것이 아니요 오직 성령의 감동하심을 받은 사람들이 하나님께 받아 말한 것임이라"벧후 1:21.

그리스도의 무한한 인내와 인간의 궁핍

"명절 끝날 곧 큰날에 예수께서 서서 외쳐 이르시되 누구든지 목마르거든 내게로 와서 마시라"요 7:37.

우리 주님은 우리가 전혀 시작할 수 없는 곳인 인간의 궁핍의 지점에서 시작하신다. 인간이 궁핍의 문을 통해 하나님 나라에 들어간다는 사실을 깨닫는다면, 그것은 하나님으로부터 받는 최고의 축복이다. 본성적으로 우리는 결핍이나 가난에서 시작하기를 원하지 않는다. 바로 이러한 이유 때문에 우리가 실체를 대면하기까지 주님의 호소는 우리에게 아무런 소용이 없다.

우리가 귀 기울여야 할 유일한 가치는 주님이시다. 사람은 영적 궁핍의 지점에 이를 때에야 예수님의 인내를 감사하며 환영하게 된다. 우리가 그 자리까지 가지 않으면 하나님께서는 우리를 위하여 아무것도 하실 수 없다. 우리를 위해 뭔가를 하지 '않으시는 것'이 아니라 '하실 수 없다'. 내가 자신에게 만족하는 한, 하나님은 나를 위해 아무것도 하실 수 없다. 영적인 궁핍의 자리에 이를 때 비로소 우리는 우리를 기다리시며 "누구든지 목마르거든 내게로 와서 마시라"요 7:37고 외치시는 주님의 모습을 보고 그분의 음성을 듣게 된다.

셀 수 없이 많은 사람들이 궁핍의 자리까지 가지만 자신들에게 무엇이 부족한지 알지 못한다. 만일 이때 "가서 제자 삼으라"는 예수님의 명령에 순종해 왔다면 우리는 그들의 필요를 안다. 그들에게는 주님이 필요하다. 우리는 자신의 영적 부유에만 지나치게 관심이 많아서 추수를 기다리는 우리 주변의 영혼들을 보지 못한다. 결국 주님을 위해 한 영혼도 추수하지 못한다.

몇몇 영혼들은 짓눌림, 참상, 견딜 수 없는 죄책감을 통해 하나님 나라에 들어오게 된다. 사실 하나님 나라로 들어오는 대부분의 사람들은 영적 궁핍을 느끼는 자들이다. 이들은 하나님을 붙들 힘도, 무엇인가 행할 능력도 없음을 깨달으면서 처절하게 궁핍함을 체험한다. 이때 예수님께서 말씀하신다.

"네가 복이 있도다." 이렇게 말씀하시는 이유는 이제 그들이 성령의 선물을 받을 수 있는 자리까지 왔기 때문이다.

어떤 사람들은 "지금 이 시대는 성령의 세대이니 성령을 구하는 것은 어리석다"고 말한다. 지금 이 세대가 성령의 세대인 것으로 인해 하나님께 감사한다. 강한 성령이 모든 사람들과 함께하신다. 성령은 어디서든지 사람들이 기대하지 않는 방법으로 그들의 삶 가운데 침투하신다. 그러나 그럼에도 우리에게 가장 필요한 것은 성령을 개인적으로 받는 것이다. 다음 구절을 시험해보라. 시험해보는 모든 사람들에게 성령이 임할 것이다.

"너희가 악할지라도 좋은 것을 자식에게 줄 줄 알거든 하물며 너희 하늘 아버지께서 구하는 자에게 성령을 주시지 않겠느냐"눅 11:13.

예수 그리스도의 왕국의 밑바탕에는 부요가 아니라 궁핍이 있다. 그리스도에 대한 결단이 아니라 완전한 좌절감이 있다. "나는 시작할 수조차 없습니다"라는 고백이 바로 그리스도의 왕국에 들어가는 첫 걸음이다. 그러나 우리는 자신이 가난하다는 사실을 깨닫는 데까지 오랜 시간이 걸린다. 오직 궁핍의 지점에 이를 때에야 하나님의 풍요가 시작된다.

그리스도의 무한한 약속과 인간의 의지

"나를 믿는 자는 성경에 이름과 같이 그 배에서 생수의 강이 흘러나오리라"요 7:38.

예수님은 우물가에 섰던 사마리아 여인에게 생수의 샘이 주는 유익에 대해 말씀하셨다.

"내가 주는 물을 마시는 자는 영원히 목마르지 아니하리니 내가 주는 물은 그 속에서 영생하도록 솟아나는 샘물이 되리라"요 4:14.

위 구절은 각 개인의 삶으로부터 흘러나오는 생수의 강에 대한 내용이다. 예수님은 "나를 믿는 자는 하나님의 축복의 충만을 체험할 것이다"라고 하지 않고 "나를 믿는 자는 그로부터 그가 받은 모든 것이 빠져나올 것이다"라고 말씀하신다. 이 말씀은 예수 그리스도의 주권적인 위대한 근원으로부터 끊임없이 흐르는 측량할 수 없는 축복을 의미한다.

우리는 이 강이 어떻게 흐르는가에 대해 신경 쓸 필요가 없다. 다만 영적 교만을 버리고 성령의 충만을 구하며 근원 되신 주님을 바라보면 된다. 예수님과 온전한 관계를 맺고 있다면, 당신은 하나님께서 당신을 통하여 어떠한 위대한 일을 하실지 결코 측량할 수 없다. "예수께서 아직 영광을 받지 않으셨으므로 성령이 아직 그들에게 계시지 아니하시더라"요 7:39는 말씀은 우리에게 적용되는 내용이 아니다. 그 내용은 성령이 보냄을 받는 사건과 예수님께서 영광을 받으시는 사건이 연결되어 있음을 알려준다.

생수의 강은 예수님께서 영광 받으신 곳에서 흐르기 시작한다. 이는 말로 표현할 수 없는 기이한 내용이다. 예수님의 보좌에서 흐르는 성찬은 우리의 삶을 통해서도 흐를 수 있다. 이때 생수의 강이 흐르는 자들이 의식할 수 있는 단 한 가지는, 예수님에 대한 자신들의 믿음과 주님과의 관계이다. 주님과의 관계를 바르게 유지하라. 그러면 날마다 하나님께서 당신을 통하여 생수의 강이 넘쳐 흐르게 하실 것이다. 생수의 강이 당신을 통해 흐를 때, 하나님께서 그 사실을 당신이 모르도록 하신 것은 그분의 자비이다.

그리스도의 무한한 능력과 인간의 헌신

"이는 그를 믿는 자들이 받을 성령을 가리켜 말씀하신 것이라 (예수께서 아직 영광을 받지 않으셨으므로 성령이 아직 그들에게 계시지 아니하시더라)"요 7:39.

오순절 사건과 관련하여 중요한 것은 삼천 명의 영혼 구원이 아니다. 오순절 성령 강림은 주님께서 영광을 받으셨다는 증거이다. 그러므로 주님께서는 무한하신 능력 가운데 위로부터 성령을 보내셨다.

"하나님이 오른손으로 예수를 높이시매 그가 약속하신 성령을 아버지께 받아서 너희가 보고 듣는 이것을 부어주셨느니라"행 2:33.

성령의 선물은 인격적인 성령이 우리에게 부여되는 사건으로서, 역사 속의 하나님의 아들 예수님과 그분을 믿는 신자들을 연합시킨다. 성령을 선물로 받은 삶의 특징은 하나님을 향한 헌신이다. 위기가 오기까지는 자신이 주님께 헌신되어 있다는 사실마저 모를 정도이다. 당신이 예수님과 연합되어 있으면 당신의 체험에 대하여 강조하지 않고 당신 자신을 위하여 기도하지도 않는다. 그 이유는 예수님께서 아버지와 하나이신 것처럼 우리도 주님과 하나가 되기 때문이다.

소위 '고품격 기독 생활'The Higher Christian Life은 우리로 하여금 하나님께 예배하도록 인도하거나 예수님께 헌신하는 것을 막고 단지 경건해 보이는 체험만을 강조한다. 이러한 체험 운동의 덫은 우리를 깊은 곳으로 인도하시려는 하나님의 뜻과는 반대로 계속 낮은 해변으로 돌아가게 한다는 점이다.

당신이 예수님의 구원을 체험하면 할수록 점점 체험하는 바를 의식하지 못하게 될 것이다. 당신이 체험을 의식하는 때는 오직 영적 여정의 초기 단계이다. 영적 여정에서 가장 큰 위험은 신앙 체험이라는 낮은 해변을 깊은 바다로 오해하는 데 있다. 우리는 역사적인 오순절 사건의 현상을 성령 세례에 대한 개인적 체험으로 정의해서는 안 된다. 오히려 성령 세례로 인한 개인의 체험은 주님께서 사도행전에서 말씀하신 것같이 되어야 한다.

"오직 성령이 너희에게 임하시면 너희가 권능을 받고 … 내 증인이 되리라"행 1:8.

우리 안에 임하시는 성령은 우리가 예수님을 위하여 뭔가를 '하도록 하는' 영이 아니라 우리로 주님의 완전한 기쁨이 '되게 하는' 영이다.

4장 가장 위대한 날은 아직 오지 않았다

"오순절 날이 이미 이르매 그들이 다같이 한곳에 모였더니" 행 2:1.

말로 다 표현할 수 없을 정도로 놀라운 오순절 날! 오직 하나의 베들레헴과 하나의 갈보리가 있는 것처럼, 오직 한 번의 오순절이 있다. 각 사건들은 모든 시간을 초월한 획기적인 사건들로서 우주 만물과 모든 사람을 심판하는 기준이 된다.

오순절을 개인적인 체험으로만 보려는 발상을 주의하라. 성령 강림 사건은 체험적이라기보다 역사적이다. 오순절 사건을 체험적인 차원에서 보려는 자들은 이 사건이 주는 계시를 놓칠 위험성이 있다. 한편 계시적인 차원에서만 이 사건을 보려는 자들은 실질적인 체험의 측면을 놓칠 위험성이 있다. 신약성경에서 이 둘은 하나로 연결된다. 즉, 체험은 계시에 근거하고 계시에 의해 점검되어야 한다.

성령의 역사를 개인적인 삶에서만 다룰 때 우리는 성령에 대해 독선적인 입장이 되기 쉽다. 이렇게 되면 우리는 사람의 내면을 변화시키는 성령의 능력에만 집중하게 된다. 물론 이 점은 우리에게 매우 중요한 부분이기는 하지만 성경 전반에서 볼 때는 성령의 강한 역사 중 극히 작은 부분일 뿐이다.

아들의 약속이 이루어짐

"보혜사 곧 아버지께서 내 이름으로 보내실 성령 그가 너희에게 모든 것을 가르치고 내가 너희에게 말한 모든 것을 생각나게 하리라"요 14:26.

"너희가 나를 택한 것이 아니요 내가 너희를 택하여 세웠나니 이는 너희로 가서 열매를 맺게 하고 또 너희 열매가 항상 있게 하여 내 이름으로 아버지께 무엇을 구하든지 다 받게 하려 함이라"요 15:16.

"그러나 내가 너희에게 실상을 말하노니 내가 떠나가는 것이 너희에게 유익이라 내가 떠나가지 아니하면 보혜사가 너희에게로 오시지 아니할 것이요 가면 내가 그를 너희에게로 보내리니 그가 와서 죄에 대하여, 의에 대하여, 심판에 대하여 세상을 책망하시리라 죄에 대하여라 함은 그들이 나를 믿지 아니함이요 의에 대하여라 함은 내가 아버지께로 가니 너희가 다시 나를 보지 못함이요 심판에 대하여라 함은 이 세상 임금이 심판을 받았음이라 내가 아직도 너희에게 이를 것이 많으나 지금은 너희가 감당하지 못하리라 그러나 진리의 성령이 오시면 그가 너희를 모든 진리 가운데로 인도하시리니 그가 스스로 말하지 않고 오직 들은 것을 말하며 장래 일을 너희에게 알리시리라 그가 내 영광을 나타내리니 내 것을 가지고 너희에게 알리시겠음이라 무릇 아버지께 있는 것은 다 내 것이라 그러므로 내가 말하기를 그가 내 것을 가지고 너희에게 알리시리라 하였노라"요 16:7-15.

"나는 너희로 회개하게 하기 위하여 물로 세례를 베풀거니와 내 뒤에 오시는 이는 나보다 능력이 많으시니 나는 그의 신을 들기도 감당하지 못하겠노라 그는 성령과 불로 너희에게 세례를 베푸실 것이요"마 3:11.

위의 구절들은 성령에 관한 예수님의 증거이다. 예수님께서는 성령을 '보혜사'라고 부르셨다. 주님은 제자들에게 자신이 아버지께로 돌아가고 보혜사 성령이 오셔야 그들에게 유익이 될 것이라고 말씀하셨다. 이는 주님께서 아버지께로 돌아가셔야 주의 사역이 마치게 되며 그때에야 보혜사 성령이 오실 수 있음을 뜻한다.

"가면 내가 그를 너희에게로 보내리니"요 16:7.

우리는 무엇보다도 예수님께서 증거하신 대로 성령님을 알아야 한다. 그 후에야 우리 안에 내주하시는 성령의 임재를 의식하면서 기뻐할 수 있다.

"그는 너희와 함께 거하심이요 또 너희 속에 계시겠음이라" 요 14:17.

요한복음 20장 22절("그들을 향하여 숨을 내쉬며 이르시되 성령을 받으라")과 사도행전 2장 33절("하나님이 오른손으로 예수를 높이시매 그가 약속하신 성령을 아버지께 받아서 너희가 보고 듣는 이것을 부어주셨느니라")은 같은 사건을 말하는 것이 아니다. 예수님께서 제자들에게 숨을 내쉴 때 그들이 받은 것은 부활하신 주님의 살리는 영이다. 반면 오순절은 인류 역사 가운데 다시는 반복될 수 없는 단 한 번의 사건으로, 보혜사께서 인격적으로 강림하신 사건이다. 즉, 성령께서 오순절 날에 이 세상에 오신 것이다. 그 후 성령은 이 땅에 계속 계셨다. 그러나 계시를 받은 자 외에는 예수님을 성육신하신 하나님으로 알아볼 수 없었던 것처럼, 오직 성령에 관한 계시를 받은 자만이 성령님을 알아볼 수 있다. 당신은 성령님이 누구신지에 대해 계시를 받았는가?

"그러나 진리의 성령이 오시면 … 그가 내 영광을 나타내리니" 요 16:13-14.

성령을 어떤 능력으로만 생각할 때 내주하시는 성령에 대한 놀라움을 잃게 된다. 성령 사역에서 많이 간과되는 부분은 성령이 우리로 하여금 주님께 영광을 돌리게 한다는 점이다. 성령에 의하여 감동을 받지 않은 사람들은 예수님께서 무엇인가 엄청난 일을 하실 때만 예수님께 영광을 돌린다. 하지만 주님은 영광을 요구하지 않으시기 때문에 성령을 받지 않은 사람들은 쉽게 주님을 망각한다. 그러나 성령은 언제나 예수님을 영화롭게 하신다. 바로 이 점이 우리가 성령을 받아야 하는 가장 절대적인 이유이다.

예수님은 "그가 내 영광을 나타내리니"요 16:14라고 말씀하셨다. 성령은 그리스도와 비슷한 것을 영화롭게 하지 않으신다. 그리스도와 비슷한 것은 모방이 가능하기 때문이다. 그러나 예수 그리스도를 모방하는 것은 불가능하다. 성령은 오직 예수 그리스도를 영화롭게 한다.

아버지의 약속이 이루어짐

"볼지어다 내가 내 아버지께서 약속하신 것을 너희에게 보내리니 너희는 위로부터 능력으로 입혀질 때까지 이 성에 머물라 하시니라"눅 24:49.

"오직 성령이 너희에게 임하시면 너희가 권능을 받고 예루살렘과 온 유대와 사마리아와 땅끝까지 이르러 내 증인이 되리라 하시니라"행 1:8.

당신은 "나는 나의 오순절을 기다립니다"라고 말하는가? 누가 당신에게 기다리라고 했는가?

"오, 나는 제자들이 다락방에서 기다렸던 것처럼 성령을 기다리고 있습니다."

이처럼 무작정 기다린다고 성령 세례가 보장되는 것은 아니다. 성령 세례는 예수님께서 하나님 보좌 우편에 오르셔서 아버지로부터 성령의 약속을 받으셨다는 가장 분명한 표지이다. 우리는 종종 성경이 분리하지 않은 것을 나누는 경향이 있다. 성령 세례는 그리스도와 분리될 수 있는 체험이 아니다. 성령 세례는 예수님께서 영광을 얻으셨다는 증거이다. 사람을 변화시키는 것은 성령 세례가 아니다. 영광을 얻으신 그리스도의 능력이 성령을 수단으로 사람의 삶 가운데 임할 때 사람이 변화된다.

"너희는 위로부터 능력으로 입혀질 때까지 이 성에 머물라"눅 24:49.

'위로부터 내려오는 능력'이라는 말은 사람의 귀를 사로잡는다. 그러나 이 능력은 어떤 마술이나 기적을 행하는 능력이 아니라 사람의 성품을 변화시키며 거룩케 하는 능력이다.

예수님께서는 제자들에게 "오직 성령이 너희에게 임하시면 너희가 권능을 받고"행 1:8라고 말씀하셨다. 약속대로 제자들의 권능은 그들을 주님처럼 만들어놓는 능력이었다행 4:13. 성령을 받으면 마술적인 힘이 생기는 것으로 생각하는 사람들이 있다. 그러나 그렇지 않다. 성령을 받는다는 것은 우리가 주님과 영적으로 일치가 되게 하는 영을 받는 것이다.

우리는 하나님의 아들을 향한 절대적인 충성 가운데, 성령에 대해 주께서 증거하신 대로 믿고 성령을 영접하였다. 사람들은 경건한 모임을 통하여 하나님께서 그들에게 성령으로 세례를 부으실 것을 간구한다. 이때 사람들은 종종 성령의 가장 중요한 역할이 그리스도의 십자가를 조명하시는 일이라는 사실을 망각한다. 신약성경은 언제나 십자가를 강조한다. 십자가는 하나님 마음의 비밀이고 예수님의 위격의 비밀이며 성령 사역의 비밀이다. 이는 하나님께서는 오직 십자가로 인하여 우리에게 영생의 선물을 주실 수 있기 때문이다. 십자가는 지금 우리가 살아가는 이 위대한 세대, 곧 성령의 세대를 도래하게 하였다.

"내 증인이 되리라."

역사적인 오순절은 제자들을 성령의 성육신이 되게 하였다. 사도들은 쓰여진 서신이 되었다. 즉, 그들이 선포해왔던 것이 실제에서 나타났다. 구원을 체험한 사람은 예수님께서 그를 위하여 무엇을 하셨는지를 증거한다. 그러나 성령 세례를 받은 사람은 자신이 받은 축복보다 축복을 주신 분을 증거한다. 증거란 마치 예수님께서 우리의 구원을 위하여 '찢겨진 빵과 부어진 포도주'가 되신 것처럼, 우리도 희생의 예배를 통해 다른 영혼들을 위한 '찢겨진 빵과 부어진 포도주'가 되는 것을 의미한다.

성령 세례는 예수님께서 당신 안에서 이루신 사역 위에 마지막 인을 치시는 것이다. 주께서 당신의 영혼이 거듭났고 온전히 성결하게 된 사실을 인정하신다. 그러면 당신은 주를 섬기기 시작한다. 성령은 언제나 사람을 도구로 일하신다. 성령이 우리를 사용하시면 결코 우리 안에 교만이 설 자리가 없다. 우리는 성령에 의하여 오직 그리스도와 연합되도록 능력을 입게 된다.

5장 성령의 전

"그러므로 이제부터 너희는 외인도 아니요 나그네도 아니요 오직 성도들과 동일한 시민이요 하나님의 권속이라 너희는 사도들과 선지자들의 터 위에 세우심을 입은 자라 그리스도 예수께서 친히 모퉁잇돌이 되셨느니라 그의 안에서 건물마다 서로 연결하여 주 안에서 성전이 되어가고 너희도 성령 안에서 하나님이 거하실 처소가 되기 위하여 그리스도 예수 안에서 함께 지어져 가느니라"엡 2:19-22.

유한한 그리스도인 안에 거하시는 성령

"너희 몸은 너희가 하나님께로부터 받은바 너희 가운데 계신 성령의 전인 줄을 알지 못하느냐"고전 6:19.

중생과 성결을 체험하는 것과 당신의 몸이 '성령의 전'이라는 사실을 알고 행하는 것은 다르다. 당신의 몸이 성령의 전이라는 지식은 체험이 아니라 믿고 순종할 계시이다. 성결을 체험한 성도들 중에는 바울이 말한 이 계시에 대해 무지한 사람들이 많다. 우리는 성도로서 우리를 향하신 하나님의 목적을 그분의 말씀으로부터 찾아서 나의 것으로 만들고 체계화시킬 수 있어야 한다. 사람들은 말한다.

"이제 성령을 받았으니 성령께서 내가 할 일을 영감으로 알려주시겠지."

그러나 절대 그렇지 않다. 우리는 주의 계시를 믿음으로 받아 순종해야 한다. 계시는 선천적인 지혜로 해석될 수 있는 것이 아니고 오직 성령에 의해 해석된다는 사실을 깨달아야 한다.

실제로 매우 이상적인 성도들은 성결하게 된 후에 하나님과 흠 없는 교통을 나눌 뿐 아니라 계시로 교육을 받아 지식을 가지고 있다. 반면에 마치 '뒤집지 않은 전병'처럼 전혀 쓸모없는 성도들도 있다. 당신의 몸이 성령의 전이라는 사실을 마음에 새기라. 그러면 불가능해 보이던 것들이 즉시 가능해진다. 과거에 기도했던 것들이 이제 더 이상 기도할 필요 없이 현실화된다. 이 세상에서 지식이 힘이듯이, 영적인 세상에서도 마찬가지이다. 우리는 '사망에서 옮겨 생명으로 들어가는' 체험을 해야 하고, 끝없는 영적 지식들을 배워야 한다.

"영생은 곧 유일하신 참 하나님과 그의 보내신 자 예수 그리스도를 아는 것이니이다" 요 17:3.

지금부터 주님을 알기 시작하라. 그리고 절대로 멈추지 말라.

"너희도 성령 안에서 하나님이 거하실 처소가 되기 위하여 그리스도 예수 안에서 함께 지어져 가느니라" 엡 2:22.

이 구절은 아주 멋진 그림을 보여준다. 즉, 하나님께서 자신을 위하여 건물을 짓고 계신다. 주께서는 우리를 다루실 때 아무런 설명이 없으시지만, 이 구절은 그 이유를 설명한다. 주님은 자신을 위한 건물을 짓고 계신다.

> 나는 주님의 전, 주께서 나가고 들어오시네.
> 주님은 지금 나를 지으시네, 비록 나는 볼 수 없을지라도.
> 주님이 내게 행하시는 그 어떠한 일도 어떠한 순간에도
> 주께서 내가 감당할 수 없을 만큼 위대한 집을 짓고 계신다네.
> _조지 맥도널드

신비한 그리스도의 몸 안에 거하시는 성령

"우리가 유대인이나 헬라인이나 종이나 자유인이나 다 한 성령으로 세례를 받아 한 몸이 되었고 또 다 한 성령을 마시게 하셨느니라 몸은 한 지체뿐만 아니요 여럿이니 만일 발이 이르되 나는 손이 아니니 몸에 붙지 아니하였다 할지라도 이로써 몸에 붙지 아니한 것이 아니요 또 귀가 이르되 나는 눈이 아니니 몸에 붙지 아니하였다 할지라도 이로써 몸에 붙지 아니한 것이 아니니 만일 온몸이 눈이면 듣는 곳은 어디며 온 몸이 듣는 곳이면 냄새 맡는 곳은 어디냐 그러나 이제 하나님이 그 원하시는 대로 지체를 각각 몸에 두셨으니 만일 다 한 지체뿐이면 몸은 어디냐 이제 지체는 많으나 몸은 하나라 눈이 손더러 내가 너를 쓸 데가 없다 하거나 또한 머리가 발더러 내가 너를 쓸 데가 없다 하지 못하리라 그뿐 아니라 더 약하게 보이는 몸의 지체가 도리어 요긴하고 우리가 몸의 덜 귀히 여기는 그것들을 더욱 귀한 것들로 입혀주며 우리의 아름답지 못한 지체는 더욱 아름다운 것을 얻느니라 그런즉 우리의 아름다운 지체는 그럴 필요가 없느니라 오직 하나님이 몸을 고르게 하여 부족한 지체에게 귀중함을 더하사 몸 가운데서 분쟁이 없고 오직 여러 지체가 서로 같이 돌보게 하셨느니라 만일 한 지체가 고통을 받으면 모든 지체가 함께 고통을 받고 한 지체가 영광을 얻으면 모든 지체가 함께 즐거워하느니라 너희는 그리스도의 몸이요 지체의 각 부분이라"고전 12:13-27.

하나님은 인간의 몸과 그리스도의 몸의 건축가이시다. 그리스도께는 두 개의 몸이 있다. 곧 역사 속에 있었던 몸과 신비의 몸이다. 역사 속에 있었던 몸도 성령께서 거하시는 곳이었다눅 3:33 ; 요 1:32-33. 신비적인 그리스도의 몸은 중생과 성결을 체험한 자들도 가지는 몸으로서 마찬가지로 성령께서 거하시는 곳이다. 우리가 성령 세례를 받으면 더 이상 따로 분리되지 않고 그리스도의 신비한 몸의 일부가 된다. 홀로 거룩한 삶을 살려고 하는 시도를 주의하라. 이는 불가능하다. 바울은 끊임없이 '함께'를 강조한다.

"하나님이 … 우리를 … 함께 살리셨고 … 함께 일으키사 … 함께 하늘에 앉히시니…"엡 2:4-6.

성령의 사역은 언제나 '함께' 하도록 하는 특징이 있다.

부활 이후 주님께서는 제자들에게 숨을 내쉬며 말씀하셨다. "성령을 받으라"요 20:22. 즉, 부활하신 예수님께서는 제자들에게 살리는 영인 성령을 주셨다. 오순절 날에 "불의 혀같이 갈라지는 것이 저희에게 보여 각 사람 위에" 임하였다. 이때 제자들은 인격적인 성령에 의해 세례를 받았다. 이때 '살리시는' 성령께서는 수단이 되셨다.

"오직 성령이 너희에게 임하시면 너희가 권능을 받고"행 1:8.

성령 세례로 살아난 성도들은 그리스도께로 온전히 연합하게 된다.

"우리가 … 다 한 성령으로 세례를 받아 한 몸이 되었고"고전 12:13.

성령 세례는 각 개인에게 인격적인 체험일 뿐 아니라 각 그리스도인들이 주 안에서 하나가 되게 하는 체험이기도 하다. 성도들이 하나로 함께할 수 있는 비결은 외부의 조직력이 아니라 성령 세례이다. 하나님을 위하여 사람들이 인간적인 방법을 동원하려 할 때 하나님은 그들의 열정을 무모한 열심으로 바꾸신다. 오, 지금 이 시대의 어리석고 무모한 열심들! 이것저것을 조직하면서 하나님을 위한다는 명분을 내세우는 행사들! 그러나 하나님께서 원하시는 것은 요한복음 17장에서 드려진 주님의 기도 응답이다. 이 기도 응답이 바로 성령 세례이다.

"아버지께서 내 안에, 내가 아버지 안에 있는 것같이 그들도 다 하나가 되어 우리 안에 있게 하소서"요 17:21.

전투적인 교회 내에 거하시는 성령

"또 만물을 그의 발 아래에 복종하게 하시고 그를 만물 위에 교회의 머리로 삼으셨느니라"엡 1:22.

교회 안에서의 성령의 거하심은 아직 완전하지 않다. 우리는 이 사실을 잊거나 무시하기 쉽다. "너희도 성령 안에서 하나님의 거하실 처소가 되기 위하여"엡 2:22라고 할 때, 이는 이 세대 안의 기독교 공동체를 언급한다. 이 세대의 기독교 공동체에는 불순물이 얼마나 많이 섞여 있는지! 그러나 그리스도께서는 교회를 사랑하시기에 오래 참으시면서 교회를 정결케 하실 것이다. 그래서 마침내 "자기 앞에 영광스러운 교회로 세우사 티나 주름잡힌 것이나 이런 것들이 없이 거룩하고 흠이 없게" 하실 것이다엡 5:27.

교회 내의 다양한 기능들은 하나님께서 정하신 것으로서 사람의 재능에 기초하지 않고 승천하신 그리스도께서 나누어 주시는 성령의 은사에 기초한다.

"그가 어떤 사람은 사도로, 어떤 사람은 선지자로, 어떤 사람은 복음 전하는 자로, 어떤 사람은 목사와 교사로 삼으셨으니 이는 … 그리스도의 몸을 세우려 하심이라"엡 4:11-12.

결과적으로 부활 승천하신 그리스도께서 주신 특별한 은사는 교회를 세우기 위한 것이다. 영적인 환상이나 신비 체험 등은 전혀 중요하지 않다. 주님을 아는 지식 안에서 성도들을 함께 세우는 것이 가장 중요하다. 하나님의 관점에서 볼 때 오순절 전과 달리 오순절 이후에는 뛰어난 사람들이 사라졌다. 사람들은 뛰어난 사람들을 만들지만 하나님은 그렇지 않다. 지금 이 시대에는 고립된 외로운 선지자가 없는 대신 공동체적인 차원에서 세상으로부터 구별된 교회가 있다. 선지자는 세상으로부터 구별된 모든 기독교 공동체의 모습이다.

이 땅이 하나님의 거처가 될 날이 오고 있다. 지금 이 세상은 인간들이 만든 세계적인 시스템에 의해 장악되어 있다. 그러나 이러한 시스템이 사라지는 때가 올 것이다. 그때 하나님의 '새하늘과 새땅'이 등장하게 될 것이다계 21:1.

6장 왜 성령 세례를 받는가?

"이르시되 때와 시기는 아버지께서 자기의 권한에 두셨으니 너희가 알 바 아니요 오직 성령이 너희에게 임하시면 너희가 권능을 받고 예루살렘과 온 유대와 사마리아와 땅끝까지 이르러 내 증인이 되리라 하시니라"행 1:7-8.

지적인 기독교의 허무함

"너희가 알 바 아니요"행 1:7.

지능은 영적인 삶에서 결코 첫 번째일 수 없다. 우리는 생각이 아니라 하나님의 능력에 의해 거듭난다. 지식은 항상 자연 세계에서나 은혜의 세계에서나 첫째일 수 없다. 지적으로 표현할 수 있는 것들은 이미 오래전에 경험된 것들이다. 현재 우리에게 영향을 주는 최고의 일들은 지적으로 정의될 수 없다. 사람들은 말한다.

"특정한 어떤 내용을 믿어야 그리스도인이 될 수 있다."

그러나 이는 불가능하다. 사람의 믿음은 그가 그리스도인이 된 후의 결과이지 원인이 아니기 때문이다. 믿음에 의한 칭의만을 근거로 하는 복음주의는 딱딱한 마음을 가진 사람을 만들어낸다. 이러한 복음주의가 활개를 치면 '영혼 구원' 전문가를 양성한다. 그러나 성경에 '영혼 구원' 전문가라는 개념은 없다. 주님의 제자들의 영광은 영혼 구원이 아니다. 인격적인 삶을 통해 내 속의 '구원받은 영혼'이 드러나는 것이 우리의 영광이다. 사람의 영혼을 구원하는 것은 하나님의 사역이다.

"그러므로 너희는 가서 모든 족속으로 제자를 삼아"마 28:19.

당신은 이 일을 해왔는가? 성경이 강조하는 바는 구원에 기초하여 바르게 사는 것이다. 곧 우리의 믿는 바를 개인의 삶 속에서 나타내는 것이다.

성육신하는 기독교의 능력

"오직 성령이 너희에게 임하시면 너희가 권능을 받고 예루살렘과 온 유대와 사마리아와 땅끝까지 이르러 내 증인이 되리라"행 1:8.

성경이 강조하는 것은 믿음에 있지 않고 받는 것에 있다. '믿는다' believe는 단어의 의미는 '다 맡긴다'commit는 뜻이다. 받기 위하여 다 맡기는 것이다. 당신은 하나님께 받은 것이 있는가? 기독교의 바탕은 그리스도를 위하겠다는 나의 결심이 아니다. 이러한 결심은 자신의 결정에 근거한 것이지 하나님께 근거한 것이 아니다. 기독교의 바탕은 결심마저 할 수 없는 불능을 깨닫는 데 있다.

"저는 하나님을 붙들 만한 힘도 없어요. 하나님이 원하시는 그러한 사람이 될 능력이 없습니다."

그때 주님이 "네가 복이 있도다"라고 말씀하신다.

"심령이 가난한 자는 복이 있나니 천국이 그들의 것임이요"마 5:3.

"내 증인이 되리라"행 1:8에서 증인이 된다는 의미는 주님의 능력이나 축복이 아니라 주님을 증거하는 것이다. 그러면 주님께서는 우리가 어디에 있든지 우리로 인해 완벽하게 만족하신다. 성령 세례는 기적과 능력 자체가 아니라 성령이 내주하심으로써 완전히 다른 차원의 생명, 곧 승화된 생명으로 변화됨을 의미한다. 이는 주님의 구속이 우리의 인격적 체험에서 실현되는 것이다행 4:13 ; 갈 4:19. 역사적으로 성령 세례는 사도들의 교리에 뭔가 추가된 것이 아니다. 단지 그들이 가르쳤던 내용들을 현실 속에 나타나게 하였다. 성령 세례에서 가장 중요한 개념은 우리가 하나님을 위하여 일하는 것이 아니라 하나님께서 우리 안에서 역사하신다는 사실이다. 우리는 어떤 명분 때문에 하나님을 위하여 열심히 일하는 것이 아니다. 하나님께서 우리 안에서 그분의 아들에게 속하는 결속된 가정을 만들어내신다.

증인은 상황에 따라 순교까지 갈 수 있고 그렇지 않을 수도 있다. 그러나 성령의 내주하심과 우리 위에 임하는 성령 세례는, 우리가 어디에 있든지 우리를 통하여 예수님을 완벽하게 만족시키는 그분의 생명을 나타낸다.

뚜렷한 정체성을 지닌 기독교의 프로그램

"예루살렘과 온 유대와 사마리아와 땅끝까지 이르러"행 1:8.

하나님은 우리의 프로그램을 준비하신다. 영적 체험의 어떤 단계가 되면 우리는 많은 일을 할 수 있다고 느끼게 되면서 자신의 순교 장면을 스스로 연출하려고 한다. 그러나 성령은 우리가 스스로 번제 드릴 장소를 정할 수 없다는 사실을 일깨우신다신 12:13-14. 하나님께서 친히 성도의 삶을 위한 무대 장치를 하신다. 위로부터 거듭난 자마다 선교사가 되기를 원하는데, 이는 그들이 받은 성령의 속성 때문이다. 성령 곧 예수님의 영이 가진 속성은 "하나님이 세상을 이처럼 사랑하사"요 3:16의 구절에서 잘 나타나 있다.

하나님께서는 세상을 향하여 문을 열어두신다.

"네가 나를 사랑하느냐 … 내 양을 먹이라"요 21:15.

우리는 우리의 관점을 따를 추종자를 만들기를 원한다. 당신은 하나님의 영광을 드러내는 예수님의 제자가 될 준비가 되어 있는가? 당신의 삶을 통해 하나님의 아들의 생명이 나타나는 것을 하나님께 보여드릴 수 있는가?

"누구든지 사람 앞에서 나를 시인하면 …"눅 12:8.

종교적으로 잘난 척하며 까다로운 사람이 되는 것은 쉽다. 그러나 예수 그리스도와 늘 일치가 된 상태에서 어떤 위기 속에서도 주님을 저버리지 않고 인정할 수 있는 성도가 되려면 성령의 내주하심이 필요하다. 당당하게 말하라.

"싫습니다. 예수 그리스도와의 관계를 위험하게 하는 것은 절대로 할 수 없습니다."

많은 성도들이 동료들과 한통속이 되지 못하고 외톨이가 될까 두려워한다. 그러나 예수님께서 말씀하신다.

"사람 앞에서 나를 인정하는 것을 부끄러워 말라"마 10:33.
"그러나 너희는 몇 날이 못 되어 성령으로 세례를 받으리라"행 1:5.

당신은 왜 성령으로 세례 받기를 원하는가? 이에 대한 대답에 모든 것이 달려 있다. 능력을 얻어 유용한 사람이 되기 원하여 성령으로 세례를 받기 원한다면 잘못된 것이다. 평강과 기쁨과 죄로부터의 구원을 원하기 때문이라 할지라도 잘못된 것이다.

우리 자신을 위해서가 아니라 '주님을 증거하기 위해' 성령으로 세례를 받아야 한다. 예수님을 증거하기 위한 목적 외에 다른 목적으로 성령 세례를 원하여 기도한다면 하나님께서는 그 기도를 응답하실 수 없다. 이 한 가지 목적 외에 다른 것을 의도적으로 열망한다면, 이는 정상 궤도에서 벗어나는 것이다. 성령은 수정처럼 투명하시며 정직하시다.

우리가 기도할 때 "어찌하든 성령으로 나에게 세례를 베푸소서"라고 하면 하나님께서는 우리에게 자기 주장과 유익을 구하는 모습을 보여주실 것이다. 성령 세례를 받으려면 모든 것을 다 내려놓고 주님만 붙들어야 한다. 자기 영광과 유익을 구하는 한, 성령 세례를 받을 준비가 아직 되어 있지 않은 것이다. 하나님은 놀라울 정도로 많이 인내하신다. 성령 세례를 받는 방법은 어렵지 않다. 그러나 인간들은 당장에라도 받을 수 있는 성령 세례를 끝까지 못마땅해 하는 죄성과 조금도 굴하려 하지 않는 완고함을 가진다.

하나님의 속성을 받는다는 것은 그분의 규례에 순종하는 것을 포함한다. 하나님의 명령에 우리가 순종할 때 권능이 임한다. 하나님은 전폭적으로 성령께 모든 것을 맡기셨다. 우리가 성령께 구하면 하나님의 모든 능력이 즉시 허락된다. 이때 우리는 우리가 아는 것보다 훨씬 더 큰 능력인 성령을 접하게 된다. 승리를 얻을 때마다 우리는 언제나 성령이 그 현장에 계신다는 사실을 발견한다. 그러한 승리는 결국 우리 삶의 습관이 될 것이다.

성령 세례는 인격적인 성령의 가장 위대한 주권적 역사이다. 이 역사로 인해 우리는 완전 성결을 체험한다챔버스의 글에서 완전 성결은 성령으로 인해 거듭날 때 완전 성결한 속사람이 우리 안에 존재한다는 개념. 이로써 신앙의 여정이 시작되고, 이후 성숙한 제자로 나아가게 된다-역주.

7장 예수님의 관점

"여자가 이르되 주여 내가 보니 선지자로소이다 우리 조상들은 이 산에서 예배하였는데 당신들의 말은 예배할 곳이 예루살렘에 있다 하더이다 예수께서 이르시되 여자여 내 말을 믿으라 이 산에서도 말고 예루살렘에서도 말고 너희가 아버지께 예배할 때가 이르리라 너희는 알지 못하는 것을 예배하고 우리는 아는 것을 예배하노니 이는 구원이 유대인에게서 남이라 아버지께 참되게 예배하는 자들은 영과 진리로 예배할 때가 오나니 곧 이때라 아버지께서는 자기에게 이렇게 예배하는 자들을 찾으시느니라 하나님은 영이시니 예배하는 자가 영과 진리로 예배할지니라 여자가 이르되 메시아 곧 그리스도라 하는 이가 오실 줄을 내가 아노니 그가 오시면 모든 것을 우리에게 알려주시리이다 예수께서 이르시되 네게 말하는 내가 그라 하시니라" 요 4:19-26.

"가장 좋은 것은 아직 오직 않았다"는 말은 예수 그리스도의 관점에서 볼 때 실제이며 사실이다. 인류가 가장 소망하고 꿈꾸는 고결한 것들은 마침내 다 이루어지게 될 것이다. 그리고 그 보다 훨씬 더 큰 일들이 이루어질 것이다.

자유하게 하는 비전

> "이는 곧 선지자 요엘을 통하여 말씀하신 것이니 일렀으되 하나님이 말씀하시기를 말세에 내가 내 영을 모든 육체에 부어주리니 너희의 자녀들은 예언할 것이요 너희의 젊은이들은 환상을 보고 너희의 늙은이들은 꿈을 꾸리라 그때에 내가 내 영을 내 남종과 여종들에게 부어주리니 그들이 예언할 것이요" 행 2:16-18.

무신론자들의 비전, 사회주의자들의 비전, 자본주의자들의 비전, 나아가 그리스도인들의 비전은 모두 같다. 그들 모두가 가진 비전은 옳다. 즉, 그들은 이 땅에 평화가 오는 때를 꿈꾸며 지금으로서는 상상할 수 없는 사랑과 자유의 상태를 바라본다. 이러한 비전에 잘못된 것은 아무것도 없으며 비전 자체에는 아무런 차이가 없다. 그 이유는 이 비전의 출처는 성령이시기 때문이다. 따라서 비판을 받아야 하는 것은 비전이 아니라 비전을 실현하는 방법이다. 위 구절에서 "너희의 자녀들"은 구속의 관점에 관하여 아무 관심이 없는 자들이다. 그럼에도 하나님의 영이 하나님을 모르는 자들 위에서 역사하고 있다. 따라서 이들은 하나님을 인격적으로 알지 못하면서도 하나님의 마음에 대하여 말한다. 한편 "내 남종과 여종들"은 비전을 볼 뿐 아니라 예수 그리스도와 인격적인 관계를 맺은 자들을 말한다.

우연한 상황 가운데

"사마리아를 통과하여야 하겠는지라" 요 4:4.

하나님의 작정은 우리의 입장에서 볼 때 우연한 상황에서 발생한다. 우리는 열심히 계획을 하고 그 계획을 우리 힘으로 이루려고 하지만 기대하지 않은 사건들이 발생하면서 뜻하는 바대로 되지 않는다. 인생을 살다 보면 하나님의 작정은 겉으로 볼 때 우연히 발생한다. 하나님을 모르는 자들은 자신의 지혜와 예측만 의지한다. 그러나 만일 우리가 자신의 프로그램을 준비하는 대신에 하나님의 지혜를 신뢰하고 가장 가까이 놓인 의무부터 감당하면서 우리의 모든 노력을 기울인다면 우리는 하나님의 역사를 체험하게 될 것이다. 그러나 우리가 스스로 시간을 조정하고 만남을 주관하면서 상황을 만들어가기 시작한다면 벌여놓은 일들은 진행될지라도 우리는 하나님의 역사를 거의 체험할 수 없다.

우리는 일상적인 삶을 살아갈 때 하나님을 가장 분명하게 체험한다. 정작 하나님을 찾는 곳에서는 주님이 보이지 않는다. 그러나 하나님을 찾지 않는 때 마치 반가운 편지나 날씨의 변화처럼 하나님이 나타나신다. 갑자기 하나님의 얼굴을 대면하게 된다. 예수 그리스도의 삶은 언제나 이러하셨다. 예기치 않은 때 사람들은 우연히 예수님을 만나게 되었다. 오늘도 예수님은 평상시처럼 사마리아로 지나가신다.

"우리가 알거니와 하나님을 사랑하는 자 곧 그의 뜻대로 부르심을 입은 자들에게는 모든 것이 합력하여 선을 이루느니라"롬 8:28.

죄악된 삶을 사는 자들에게도 하나님께서 합력하여 선을 이룬다고 믿는다면 이는 올바른 믿음이 아니다. 하나님을 사랑하는 자에게 발생하는 모든 우연한 상황들이 합력하여 선을 이룬다. 우리의 삶에서 하나님의 작정이 인식되려면 먼저 예수님께서 말씀하신 대로 "위로부터 거듭나야" 한다. 하나님의 작정은 일상적인 우연한 상황에서 우리에게 발생한다. 주님과 접촉하고 있으면, 자연의 일반 요소 및 평범한 사람들 가운데서 우리는 성찬의 하나님을 뵐 수 있다.

'성찬'의 진정한 의미는 하나님의 임재가 떡과 포도주 같은 평범한 요소를 통해 오심을 뜻한다. 종교적인 사람일수록 상징에 더 많은 비중을 두려는 경향이 있다. 그러나 상징을 실체로 오해하게 될 때 우리는 정도에서 벗어나게 된다. 예수님께서는 "들의 백합화를 생각하여 보라"고 말씀하셨다마 6:28. 우리는 에너지로 가득 찬 자동차나 비행기를 생각한다. 그러나 예수님은 언제나 하늘 아버지가 손수 만드신 작품을 예로 드셨다. 백합화는 심긴 곳에서 자라나지만 심긴 장소에 대해 불평하지 않는다. 우리는 "내가 다른 곳에 있었다면 참 좋았을 텐데"라고 말하곤 한다. 그러나 지금 있는 곳에서 영적으로 자라나지 못한다면 다른 곳에서도 자라나지 못할 것이다.

흘러넘치는 생동감

"네가 만일 하나님의 선물과 또 네게 물 좀 달라 하는 이가 누구인 줄 알았더라면 네가 그에게 구하였을 것이요 그가 생수를 네게 주었으리라"요 4:10.

예수 그리스도는 청중의 수준으로 내려가 그들에게 가르치신 적이 없다. 주님은 사람들의 이해력을 의지하는 대신에 사람의 마음속에서 말씀을 이해시키는 성령의 역사를 의지하셨다. 제자들은 종종 예수님의 말씀을 오해하였다. 그러나 주님은 성령의 역사에 그들을 의탁하셨다.

"진리의 성령이 오시면 그가 너희를 모든 진리 가운데로 인도하시리라"요 16:13.

예수님께서는 예외적인 친절로 사마리아 여인을 놀라게 하셨다.

"당신은 유대인으로서 어찌하여 사마리아 여자인 나에게 물을 달라 하나이까 하니 이는 유대인이 사마리아인과 상종하지 아니함이러라"요 4:9.

주님은 사마리아 여인이 어떤 사람인지 알고 계셨다. 그러나 주님은 그 여인에게 열등감을 느끼게 하면서 대화를 나누지 않으셨다. "불쌍한 여인이여, 내가 말하는 것을 너는 이해할 수 있겠느냐?"라고 말씀하시는 대신에 그 여인이 알고 있는 바를 말하게 하셨고, 그 여인은 의아함 속에서 말하였다. 예수님은 무엇보다 그 여인 속에 숨겨진 진정한 필요를 자각하게 하셨다. 결국 오랜 질문 끝에 여인이 말한다.

"주여, 이런 물을 내게 주소서"요 4:15.

주님은 그녀의 죄악에 대하여 아무 말씀도 하지 않으셨다. 우리는 이러한 주님의 방법을 취하지 않고 처음부터 사람들의 죄를 책망하는 경우가 많다. 예수 그리스도의 목표는 사람들이 살아가는 모습 그대로 그들에게 다가가는 것이다. 예수 그리스도 없이는 그 누구도 하나님의 눈앞에서 드러나는 자신의 모습을 견딜 수 없다. 예수 그리스도는 감상적인 관점이 아니라 잘못된 것으로부터 구하시는 '구세주'의 관점을 취하셨다. 잘못된 부분을 제거하시기 위해 그 부분을 '강하지만 부드럽게' 다루신다.

"네가 만일 하나님의 선물을 … 알았더라면 네가 그에게 구하였을 것이요 그가 생수를 네게 주었으리라"요 4:10.

여기서 예수님은 성령을 언급하신다. 완전히 새로운 영을 받지 않으면 아무리 올바른 교리라고 할지라도 사람을 바꾸지 못한다. 따라서 사람이 바뀌는 것은 믿음 때문이 아니라 '성령을 받기' 때문이다. 예수님은 "그곳에서 영생하도록 솟아나는 샘물"의 상징을 사용하셨다. '영생'은 하나님 자신을 선물하는 것이다. 영생이 저절로 흘러넘치며 사람들이 예수님을 닮아 예수님의 가족이 된다. 사람이 성령을 받았다는 가장 뚜렷한 증거는 성령의 열매이다. 생명은 삶으로 드러나는 것이지 단지 신경계통을 통해 나타나는 것이 아니다. 예수님께서 말씀하셨다.

"내가 온 것은 양으로 생명을 얻게 하고 더 풍성히 얻게 하려는 것이라"요 10:10.

샘물은 전혀 마르지 않고 끝없이 흐르는 하나님의 능력이다. 우리가 생수를 사용할수록 샘물은 우리를 끊임없이 다시 채운다.

　복음의 메시지는 하나님께서 사람에게 죄 없는 깨끗한 마음이 아니라 주님의 청결한 마음을 주셨다는 의미이다. 예수님은 결코 "나를 위하여 결심하라"고 말씀하지 않고 "완전히 비어 있는 마음으로 내게 오라. 그러면 내가 너를 채우리라"고 말씀하셨다. 그리스도인의 마음은 깨끗하게 빈 상태가 아니다. 이러한 상태는 조만간에 무너지게 된다. 그리스도인의 마음은 예수 그리스도를 향한 인격적인 헌신으로 열정이 넘치는 상태이다. 그 열정은 주께서 다른 사람을 향하여 가지신 관심에 뜻을 다하여 일치된다.

　"아버지께서는 이렇게 자기에게 예배하는 자들을 찾으시느니라"
　요 4:23.

8장 부활절 메시지

"맨 나중에 만삭되지 못하여 난 자 같은 내게도 보이셨느니라"고전 15:8.

아주 극소수의 사람들만이 부활하신 주님으로 인하여 무엇이 달라졌는지를 깨닫고 있다. 아직도 많은 사람들이 우리의 몸과 혼과 영을 위하여 부활하신 주님과 지금 자신의 삶이 어떻게 연관되는지 잘 모르고 있다. 우리는 2000년 전에 죽으셨다가 다시 사신 과거의 그리스도를 신뢰하는 것이 아니라 지금의 실체로서 능력을 나타내시는 주님을 믿는 것이다.

영적인 세계에서 가장 위대한 단어는 '지금'이다. 이는 우리가 하나님께 점차 가까이 가거나 멀어진다는 뜻이 아니라, 지금 그분 안에 또는 밖에 있다는 뜻이다. 우리는 우리의 뜻을 정하는 즉시 하나님과 접하게 되는데, 이는 우리의 공로 때문이 아니라 오직 구속Redemption

때문이다. 그러므로 누구든지 조금이라도 하나님과 불편한 관계에 있다면 나중이 아니라 지금 당장 하나님께로 돌아갈 수 있다. 이때 우리는 죄악의 대가에 해당하는 선행들을 낱낱이 기억함으로써 주께 돌아가는 것이 아니라, 예수 그리스도께 무조건 자신을 맡김으로써 돌아간다. 그러면 부활하신 주님의 능력이 우리에게 '지금' 당장 역사하는 것을 체험하게 될 것이다.

성경을 어떤 증거 자료로 사용하는 것은 우습다. 즉, 예수 그리스도를 하나님의 아들로 믿지 않는 자에게 예수님이 하나님의 아들이라고 성경으로 증명하는 것은 별 의미가 없다. 또한 부활을 믿지 않는 사람에게 성경이 부활을 증거하니 믿어야 한다고 말하는 것도 마찬가지이다. 성경은 믿음을 설득 받을 필요가 없는 사람을 위해 쓰여진 것이다. 부활 후에 주님께서는 이 땅에서 육체로 계셨을 때 주를 알던 사람들에게 나타나셨다. 과연 누가 나사렛 목수 예수님을 성육신하신 하나님으로 알고 있었을까? 극소수의 사람들만이 예수님께 관심을 가졌을 뿐이다. 주님은 전혀 사람들의 관심 대상이 아니셨다.

우리와 주님과의 관계는 순수한 영적인 관계이다. 부활하신 예수님은 베드로, 요한, 마리아, 도마 등 각 개인에게 인격적으로 나타나셨다요 20-21장. 바울도 부활의 주님을 만난 놀라운 체험이 있다.

"내게도 보이셨느니라"고전 15:8.

제자들을 세상에 내보내실 때 주님은 그들을 위해 하신 '일'을 근거로 복음을 선포하도록 하지 않으셨다. 주님은 오직 그들이 부활하신 예수님을 '본 것'을 근거로 복음을 전파하게 하셨다.

"너는 내 형제들에게 가서 이르되…"요 20:17.

이 구절에서 막달라 마리아는 주께서 그녀로부터 일곱 귀신을 내어쫓으신 사건에 근거하여 보냄을 받은 것이 아니다. 그녀는 예수님의 부활을 본 것을 근거로 보냄을 받고 있다. 전에 그녀는 예수님의 능력만 알았지만 지금은 예수님이 누구신지 알게 되었다.

자신의 영적 상태를 보라

"게바에게 보이시고"고전 15:5.

게바는 너무 쉽게 예수님을 부인한 사람이다. 그는 예수님께서 십자가 상에 죽으시는 것을 보았다. 그는 결국 죽음을 앞둔 예수님 곁에 서지 못하고 맹세로 예수님을 저주하며 부인하였다. 그의 마음에 어떤 고통이 있었을지 생각해보라. 그 후 위 구절을 생각해보라.
예수님께서는 부활하신 이후에 마음이 찢겨진 제자 베드로를 찾아오셨다. 어떤 일이 발생하였는지 구체적인 기록은 없지만 우리는 예수님께서 베드로를 공식적으로 복권시키셨음을 알 수 있다요 21:15-17. 베드로의 서신을 읽어보라. 그의 서신은 양을 사랑하는 선한 목자의 자비로 가득 차 있다.

부활하신 주님과의 관계에서 가장 필수적인 기반은 자신에 관해 마침내 알게 되는 것이다. 바로 자신이 영적으로 가난하다는 사실을 깨닫는 것이다. 이때 주님께서 "네가 복이 있도다"라고 말씀하신다.

"심령이 가난한 자는 복이 있나니 천국이 그들의 것임이요"마 5:3.

부활절 메시지는 주께서 "내게도 보이셨다"는 것이다. 그러므로 나는 이제 주님을 인격적으로 안다.

내가 죄로부터 구원을 받았다면 주님을 뵐 때 저절로 알아볼 수 있을까? 절대 그렇지 않다. 주님은 막달라 마리아를 일곱 귀신으로부터 구원해내셨다. 그러나 부활하신 예수님을 보았을 때 그녀는 슬픔과 고통으로 눈이 가려 있었다. 그래서 주님을 동산지기로 착각하였다. 나 또한 주님을 동산지기로 오해할 수 있다. 주님은 어린아이나 자연의 꽃을 통하여 나를 만지실지 모른다. 평범한 삶 가운데 주님과 인격적인 친교를 나누며 사는 것이 하나님의 실제 임재를 보이는 것이다.

만일 자신의 영적 가난함을 깨닫게 되었다면 주님을 바라보라. 주님은 그곳에 항상 계신다. 이때 주님은 초자연적인 방법으로 당신에게 오실 것이다.

"볼지어다 내가 세상 끝날까지 너희와 항상 함께 있으리라 하시니라" 마 28:20.

자신의 영적 궁핍을 아는 것은 믿음의 노력이 아니라 놀라운 깨달음이다.

주님을 향한 지극히 작은 증인

"맨 나중에 만삭되지 못하여 난 자 같은 내게도 보이셨느니라" 고전 15:8.

"내게도"라고 쓴 것으로 보아, 바울은 자신에게 이러한 일이 발생할 줄을 조금도 기대하지 못한 듯하다. "지극히 낮은 자"가 되지 않으면서 그런 척하는 것은 쉽다. 하나님 앞에서 감정적으로만 입을 벌리는 것도 쉽다.

그러나 바울은 사람에게 보이려는 사기꾼이 아니었다. 그는 영혼 가장 깊은 곳으로부터 겸허하게 믿는 바를 말하고 있다. 위대한 계시 중의 하나는 예수님께서 사람의 자격이 아니라 필요를 보시고 주님의 긍휼에 따라 나타나신다는 점이다. 주님이 필요하다고 인정해보라. 그러면 주께서 나타나실 것이다. 많은 사람들이 자존심 때문에 예수 그리스도로부터 멀리 떨어져 있다.

"하나님께서 나를 용서하실 수 있다는 것을 잘 알지. 그러나 나는 내가 얼마나 악한지 알아. 주님을 실망시키고 싶지 않아."

이러한 사람들이 주께 완전히 항복하여 삶의 주권을 드릴 때, 주께서 그들에게 나타나실 것이다. 그 후 주님은 그들에게 많은 일을 행하실 것이다. 특히 주님은 그들 안에 완전히 새로운 유전 형질 곧 주님 안의 유전 형질을 넣어주실 것이다. 이것이 중생의 놀라운 기적이다.

> "너희가 악할지라도 좋은 것을 자식에게 줄 줄 알거든 하물며 너희 하늘 아버지께서 구하는 자에게 성령을 주시지 않겠느냐"눅 11:13.

주님 앞에서 살아가는 방법

> "주는 그리스도시요 살아계신 하나님의 아들이시니이다"마 16:16.

예수 그리스도께서 하나님의 아들이라는 것을 아는 것은 놀라운 일이다. 그러나 더 놀라운 것은 그분이 하나님의 아들로서 내 안에 계신다는 사실이다.

"내 어머니의 태로부터 나를 택정하시고 그의 은혜로 나를 부르신 이가 그의 아들을 이방에 전하기 위하여 그를 내 속에 나타내시기를 기뻐하셨을 때에 내가 곧 혈육과 의논하지 아니하고"갈 1:15-16.

주님과 나의 관계는 기독교적인 증거에 기초를 둔 것이 아니다. 또한 그리스도의 위격에 관한 교리 시험을 합격했기 때문도 아니다. 다만 내재하시는 성령에 의하여 갑자기 예수님이 누구신지 알게 되면서 주님과 나의 관계가 맺어진다. 이제 예수님은 내게 살아계신 하나님의 아들이요, 완전한 주요 선생이시다. 신앙생활의 기초는 예수님이 누구신지를 내면에서 깨닫는 것이다. 주님께서는 이 계시와 이에 대한 공적인 고백 위에 주의 교회를 세우겠다고 말씀하셨다마 16:15-18.

우리 마음속에 예수님께서 나타나셨는가 살피는 것이 가장 중요하다. 단순히 구원받아 다른 사람으로 변한 것 이외에도 내가 정말로 주님을 아는가를 점검해야 한다. 주께서 내 안에 주의 놀라운 임재를 증거하셔야 한다. 믿음의 노력에 의하여 주님께 매달리는 상태가 아니라 주님의 부활의 생명이 실제로 내 안에 살아 있느냐 하는 것이다. 우리가 지치지 않고 계속 새 힘을 얻는다면, 이는 성령께서 우리를 다루고 계신다는 가장 분명한 증거이다. 주님이 허용하신 것보다 더 많은 것을 붙들고 고민하고 지칠 때 우리에게는 '기진맥진'이라는 경고 사인이 온다. 한편 영적으로 잘 깨어 있으면 하나님의 부드러운 경고 사인을 언제든지 알아볼 수 있다.

"그 길이 아니니 내버려 두어라. 그 길을 포기하라. 이 길이 너를 위한 과정이다."

주님 앞에서 살아가는 방법은 예수 그리스도와 깊은 인격적인 관계를 유지하는 것이다. 절대로 예수 그리스도를 하나님의 대표자로 여기지 말라. 그리스도는 하나님이시다. 다른 하나님은 없다.

만일 예수 그리스도가 육체로 나타나신 하나님이 아니라면, 우리는 하나님에 대하여 아무것도 알 수 없다. 그렇다면 우리는 불가지론자일 뿐 아니라 아무 소망이 없는 자들이다. 그러나 예수 그리스도께서 말씀하신 대로라면 주님은 내게 하나님이시다.

기독교는 예수님과의 인격적인 역사이다.

"내 증인이 되리라"행 1:8.

하나님을 위해 위대하고 성공적인 모험을 하라고 성령 세례를 주신 것이 아니다. 오히려 우리가 지금 있는 곳에서 예수님의 만족이 되라고 주신 것이다. 이는 봉사의 문제가 아니다. 주님과의 살아 있는 관계는 주님을 만족시키는 증인 된 삶으로 나타난다.

9장 중립은 없다

"희망의 서광이 변하여 내게 떨림이 되도다" 사 21:4.

성경은 인간들이 다루기를 기뻐하는 영역을 다루지 않고 천국과 지옥, 선과 악, 하나님과 사탄, 옳고 그름, 구원과 멸망 등을 다룬다. 사람은 그 중간을 좋아한다. 성경은 우리가 민감하게 여기는 부분에 대하여 별 관심이 없다. 성경에는 서광이 없고 오직 강렬한 빛이나 짙은 어두움만 있을 뿐이다.

중립을 원하는 마음

"나와 함께 모으지 아니하는 자는 헤치는 자니라" 마 12:30.

종교에서 중립이란 언제나 겁쟁이들이 취하는 자리이다. 하나님은 "나는 어떤 편에도 서지 않겠다"며 중립을 원하는 겁쟁이들을 공포 속에 몰아넣으신다.

주님은 모든 것을 사람의 선함이나 그릇됨이 아니라 주님과의 관계에 달려 있게 하셨다. 서광은 사람들이 좋아하는 때이다. 강한 빛이 비치는 때도 아니며 진흙처럼 어두운 때도 아니다. 상세한 것이 분명하게 드러나지도 않고 못난 부분들도 보이지 않는다. 모든 것이 멋지게 보인다. 서광의 때는 영적으로 감상에 빠지는 때이다.

> "자녀들아 아무도 너희를 미혹하지 못하게 하라 의를 행하는 자는 그의 의로우심과 같이 의롭고"요일 3:7.

사도 요한은 하나님의 자녀들에게 '서광의 영역'을 허락하지 않는다. 중립이란 있을 수 없다. 사람은 하나님의 자녀이든지 아니면 사탄의 자녀이다. 사랑 아니면 미움이다. 성경에서 서광의 영역은 가차없이 제거된다. 사람들에게는 오직 하나님만 아시고 다른 사람들이 알지 못하는 숨겨진 죄악들이 있다. 우리는 이러한 죄악들이 밝은 대낮의 빛에 드러나는 것을 원하지 않는다. 그래서 희미한 서광을 원한다. 그러나 하나님의 불꽃 같은 눈이 우리를 살필 때, 서광에 있었던 불의들이 드러나기 시작한다. 이때 우리는 아무 말도 못한다. 결국 하나님을 무시하고 주 앞에서 불의에 탐닉하였음을 인정하게 된다.

갑작스러운 인과응보

"죄를 짓는 자는 마귀에게 속하나니 마귀는 처음부터 범죄함이라"
요일 3:8.

인과응보란 행한 대로 거두게 됨으로써 공의가 이루어지는 것을 의미한다. 인과응보는 피할 수 없다. 우리는 삶 가운데 필연적으로 발생할 수밖에 없는 일들을 체험할 때 움찔하게 된다. 이러한 소위 '피치 못하는 일'들은 우리로 하여금 하나님을 믿지 못하게 만든다. 우리는 어느 지점에 이르기까지는 하나님께 반감을 느끼지 않고 예배한다. 그러나 성령께서 우리 안에서 잘못된 점을 지적하기 시작하시면 반감을 느끼게 된다마 11:6 ; 요 6:66.

예수 그리스도께서 온유하시고 순하시고 친절하실 때 우리는 그분의 말씀을 잘 듣고 따른다. 그러나 주께서 나의 어떤 특별한 죄악과 불의와 자기 도취에 대하여 꾸짖으시면 더 이상 주님과 함께하려 하지 않는다. 내가 뿌린 삶에 대하여 열매가 나타나기 시작한다. 그 열매를 통해 나는 자신이 예수 그리스도를 대항하는 세력과 함께 서 있다는 사실을 깨닫게 된다. 그 즉시 하나님은 나를 만지신다. 그러면 나는 신앙생활과 도덕적인 삶에도 불구하고 내 안에 마귀의 성향이 있음을 깨닫는다. 마귀에게 속한 성향과 불의한 미움의 영이 내 안에 있다.

일반적으로 마귀의 음성은 다음과 같다.

"네 속의 가장 깊은 본능을 개발하라. 그러면 그것이 하나님이라는 사실을 알게 될 것이다."

그러나 예수님께서는 분명하게 말씀하신다.

> "속에서 곧 사람의 마음에서 나오는 것은 악한 생각 곧 음란과 도둑질과 살인과 간음과 탐욕과 악독과 속임과 음탕과 질투와 비방과 교만과 우매함이니 이 모든 악한 것이 다 속에서 나와서 사람을 더럽게 하느니라"막 7:21-23.

만일 우리가 서광에서 산다면 "그러한 더러운 것들은 내 안에 없다"고 말할 것이다. 그렇지만 진리에 대한 바른 자세를 가진다면 "주님, 당신이 아십니다"라고 말하게 된다. 이러한 자세를 취하지 않는다면 사람의 마음을 간파한 주님의 말씀이 진리라는 사실을 깨닫기까지 엄청난 대가를 치러야 할 것이다.

우리는 성자가 될 수도 있고 악마가 될 수도 있다.

> "가인같이 하지 말라 저는 악한 자에게 속하여 그 아우를 죽였으니"요일 3:12.

가인에게 있었던 영은 질투, 시기 및 분노의 영이었다. 일반적으로는 보통 착하기만 해도 착한 다른 사람을 향하여 미움이 생기지 않는다. 그러나 마귀에게 속하면 살인자의 마음이 생긴다. 첫 번째 문명은 살인자에 의해 시작되었다. 전쟁보다 더 악한 것이 있다. 그것은 태평세월 속에서도 계속적으로 흐르는 경쟁 심리이다. 이는 사람의 몸을 파괴하지는 않지만 영혼을 파괴한다. 이러한 심리는 자신의 경쟁 대상을 향하여 미워하고 증오하게 한다.

하나님의 속성의 비밀 조건

"하나님의 자녀들과 마귀의 자녀들이 드러나나니"요일 3:10.

사랑과 친절은 우리 안에 하나님의 영이 내주하신다는 가장 순결하고 귀한 증거이다. 성령이 내주하시면 더 이상 중립도 없고 인과응보도 두렵지 않다. 단지 하나님의 속성이 '사랑'이라는 단어로 요약되는 아름답고 즐거운 마음으로 나타난다. 하나님의 사랑이 우리의 마음속에 부은 바 되면 우리는 다른 사람을 향한 하나님의 관심에 우리 자신을 일치시키게 된다.

하나님은 이상한 사람들에게 관심을 가지신다! 이러할 때 당신은 모든 편견을 버리고 다른 사람을 향한 하나님의 관심에 자신을 일치시킬 준비가 되어 있는가? 하나님의 속성이 당신의 마음을 차지하고 있는가? 우리는 현실 속에서 사람들을 대할 때 하늘 아버지께서 우리를 대하신 대로 행해야 한다. 어떤 사람을 향하여 앙심이 생겼다면 성령이 우리가 하나님 아버지께 어떻게 대했는가를 기억나게 하실 것이다. 아버지께서 당신에게 행하신 대로 다른 사람에게 행하라. 그러면 당신은 하나님의 자녀다워질 것이다. 이것이 현실 속에서 산상수훈의 핵심을 실제적으로 적용하는 모습이다. 삶으로 증명할 수 없는 것을 당신의 입으로만 증거하지 말라.

10장 친애하는 두려운 분, 주님

"예수께서 이르시되 내가 심판하러 이 세상에 왔으니 보지 못하는 자들은 보게 하고 보는 자들은 맹인이 되게 하려 함이라" 요 9:39.

이 구절은 예수님께서 말씀하신 딱딱한 내용 중의 하나이다. 이 내용은 얼토당토않은 말씀이든지 아니면 지혜의 말씀이다. 이 구절과 다음 구절은 전혀 상충되지 않는다.

"내가 온 것은 세상을 심판하려 함이 아니요 세상을 구원하려 함이로라" 요 12:47.

예수 그리스도는 심판을 선언하기 위하여 오신 것이 아니다. 주님이 심판 그 자체이다. 우리는 주님을 만날 때마다 심판을 느낀다.

주님의 나타나심으로 인한 분명한 모습

예수 그리스도에 관하여 주목할 만한 것 중의 하나는, 비록 주님은 사랑과 온유함으로 충만하실지라도 주님이 나타나시면 사람들은 유익을 얻을 뿐 아니라 부끄러움도 느낀다는 사실이다. 이는 주님의 나타나심이 우리로 하여금 심판을 느끼게 하기 때문이다. 따라서 우리는 주님을 만나기를 바라지만 동시에 두려워한다. 우리가 만나는 사람들 중에는 그들이 아무 말을 하지 않아도 그들과 함께 있는 것만으로 우리 스스로 심판을 느끼게 되는 사람들이 있다. 우리는 그들의 말에 의해서가 아니라 그들의 뛰어난 성품 때문에 심판을 느낀다.

●● 주님의 심판의 언어

사람들은 주님의 말씀에서 심판을 느꼈다. 마태복음 23장과 같은 주님의 심판의 메시지에서 심판을 느끼는 것이 아니라 주님의 일상적인 언어에서 심판을 느꼈다. 가까운 친구들과 일상적인 대화를 나누다가 특별히 내게 한 말이 아님에도 불구하고 나의 잘못을 느끼게 되면서 부끄러움을 느끼는 경우가 있다. 예수님은 선지자처럼 심판을 선언하지 않으셨다. 그러나 주님이 어디로 가시든지 그분의 흠 없는 올바름 때문에 사람들은 심판을 느꼈다.

우리는 종종 어린아이들 앞에서 자신의 부패함을 느끼며 부끄러움을 느낄 때가 있다. 우리가 어린이들을 부끄럽게 만들 때보다 그들이 우리를 부끄럽게 할 때가 훨씬 많다. 그들의 진실함과 단순함 때문에 느끼는 우리의 부끄러움은 주님의 심판을 설명하는 좋은 예이다.

●● 주님이 하신 일을 볼 때 심판을 느낌

예수님께서 하신 위대한 일은 우리로 하여금 심판을 느끼게 한다. 주님께서는 베드로에게 호수 깊은 곳으로 가라고 하셨다. 이에 베드로가 순종하자 고기가 너무 많이 잡혀 배가 가라앉으려고 하였다. 베드로가 이를 보고 예수님의 무릎 아래에 엎드려 외쳤다.

"주여 나를 떠나소서 나는 죄인이로소이다"눅 5:8.

예수님께서 하신 일이 절대적으로 베드로에게 심판을 느끼게 한 것이다. 주님께서는 "아무 말 말고 내가 시키는 대로 해야지 왜 말대꾸를 하느냐!"라고 꾸짖지 않으셨다. 오히려 말할 나위 없는 친절함으로 조용히 계셨을 뿐이다. 그러나 그분이 하신 일로 인하여 베드로는 심판을 느꼈다.

●● 주님께서 바라보실 때 심판을 느낌

어떤 사람의 사진을 보다가 심판을 느끼는 것은 감상이 아니다. 사랑하는 사람을 직접 볼 때 또는 사진으로 볼 때 마치 꾸짖는 듯한 느낌을 받을 때가 있다. 사람 때문에도 그럴 수 있는데, 흠 없으신 예수님께서 우리를 바라보실 때는 과연 어떤 느낌이 들겠는가?

"주께서 돌이켜 베드로를 보시니 … 밖에 나가서 심히 통곡하니라"눅 22:61-62.

주님이 베드로를 바라보시는 눈초리에는 "감히 네가 나를 배신하다니!"라는 꾸지람이 없었다. 그러나 주님의 바라보심은 완벽한 하나님의 바라보심이기에 심판을 느끼게 한다막 10:21 ; 3:5.

예수님께서 우리에게 직접 하신 말씀을 보든 어떤 특별한 방법으로 주의 행위를 떠올리든, 주님의 모습은 우리에게 심판을 느끼게 한다. 따라서 그분이 어디에 계시든 우리는 심판을 느낀다.

●● **주님께 나를 비춰볼 때 심판을 느낌**

여름에 양을 보면 대단히 하얗다. 그러나 첫눈이 온 땅을 덮었을 때 멀리서 양을 보면 마치 흰 도화지에 얼룩이 진 것 같다. 우리는 인간들끼리 서로를 비교하고 판단할 때는 아무런 죄책감을 느끼지 못한다고후 10:12. 그러나 예수 그리스도를 배경으로, 주님의 삶, 언어, 관점, 행동을 통해 자신을 비춰볼 때 그 즉시 심판을 느낀다.

"예수께서 이르시되 내가 심판하러 이 세상에 왔으니"요 9:39.

예수 그리스도가 나타나시면 우리는 자신을 향하여 심판을 느끼게 되면서 부끄러움과 잘못을 느끼게 된다. 그러면서 심판에 해당하는 일들을 다시는 하지 않겠다고 결단한다.

만일 예수 그리스도께서 모든 잘못된 것을 찾아 트집만 잡는 심술궂은 사람이라면 우리는 아마 대항하게 될 것이다. 사악한 마음으로 우리의 모든 잘못을 들춰내려는 사람에게 우리는 심판을 느끼기보다 도리어 분노를 느낀다. 나아가 우리의 악함에 대해 떳떳함을 느낀다. 그러나 예수 그리스도를 만나 흠 없는 올바름을 대하게 될 때, 우리는 베드로처럼 반응하게 된다.

"주여, 나를 떠나소서."

자신이 예수님께 가까이 가기에는 너무나 부족한 존재임을 느끼게 된다.

주님의 판단으로 인한 기대치 못한 발견

●● 인간의 눈먼 판단

예수님은 놀라운 말씀들을 많이 하셨다. 그중 하나는 "보는 자들은 맹인이 되게 하려 함이라"는 말씀이다요 9:39.

"사람은 외모를 보거니와"삼상 16:7.

사물을 판단할 때 이론적으로 최고의 방법은 외모를 보는 것이다. 우리는 다른 사람의 삶에서 눈에 드러난 분명한 사실들을 본다. 그리고 사실에 근거하여 서로를 판단한다. 그러나 예수님은 그러한 판단을 '눈먼 판단'이라고 하신다. 실상 우리가 보지 못한다고 지적하신다.

●● **인간적인 판단의 큰 실수들**

"사람들이 인자를 누구라 하느냐 이르되 더러는 세례 요한, 더러는 엘리야, 어떤 이는 예레미야나 선지자 중의 하나라 하나이다"마 16:13-14.

"예루살렘에서 내려온 서기관들은 그가 바알세불이 지폈다 하며 또 귀신의 왕을 힘입어 귀신을 쫓아낸다 하니"막 3:22.

"보라 먹기를 탐하고 포도주를 즐기는 사람이요 세리와 죄인의 친구로다"눅 7:34.

사람들은 예수님에 대하여 이토록 잘못된 판단을 내렸다.

●● **주님의 놀라운 평가**

주님께서는 베드로에게 "네가 요한의 아들 시몬이니 장차 게바라 하리라"요 1:42고 말씀하셨다. 베드로라는 이름의 뜻은 '반석' 또는 '큰 돌덩어리'라는 뜻이다. 일반적인 상식을 가진 사람이라면 베드로에게 반석이라는 이름은 정말 안 어울린다고 생각할 것이다. 왜냐하면 베드로는 제자들 중 가장 충동적이고 불안정한 사람이었기 때문이다. 그러나 예수님의 평가는 결국 옳은 것으로 증명되었다.

예수님은 홀로 찾아온 니고데모를 만나셨다. 주님께서는 겁 많은 그에게 거듭남에 관한 가장 중요한 진리를 말씀하셨다. 또한 죄 많은 여인에게 하나님을 예배하는 것과 성령을 선물로 받는 것에 관하여 말씀하셨다.

우리는 예수님의 판단이 틀리다고 생각하는 경향이 많다. 그러나 개인적인 삶 속에서 주의 판단이 맞다는 것을 알게 되면, 우리도 주님의 판단을 따르게 된다. 처음에 우리는 우리가 보고 이해한 것을 근거로 판단을 내린다. 예수님이 오셔서 보는 자의 눈을 멀게 만드신다. 그래서 우리의 삶에 예수님이 처음으로 찾아오시면 평강이 아니라 혼돈이 생긴다마 10:34.

성령을 받을 때 곧바로 나타나는 현상은 평화나 기쁨이 아니라 당황함과 놀라움이며, 우리는 안정감이 아니라 괴리감을 가지게 된다. 그 이유는 우리가 근본적으로 변하여 모든 것을 다르게 보며 다르게 대하기 때문이다. 전에 본 것들은 눈먼 상태에서 보았던 것들이다. 예를 들어, 성령을 받기 전에 우리는 다른 사람을 향하여 아주 분명하고 확실한 판단을 내렸다. 그러나 지금은 분명해 보이는 일들에 대하여도 평범하고 상식적인 판단을 내리지 못하는데, 그 이유는 뭔가 확실하지 않다고 느끼기 때문이다.

예수님의 판단은 우리가 눈먼 자임을 알려준다. 우리는 상식적으로 가장 적절한 것을 택하여 결정한다. 그런데 주님의 판단을 받아들이면 그 즉시 모든 것이 혼동된다. 그러나 결국 그 혼동 가운데 주님의 판단은 하나님의 완벽한 지혜라는 사실이 드러난다. 예수님의 심판은 언제나 예기치 못할 때 생각하지도 못한 방법으로 임한다마 25:37-40.

끊임없는 의도를 지닌 주의 능력

"내가 심판하러 이 세상에 왔으니"요 9:39.

예수님께서는 아버지께서 "또 인자됨을 인하여 심판하는 권세를 주셨다"고 말씀하셨다요 5:27. 주님의 첫 번째 심판부터 마지막 심판까지 심판은 주님 자신이시다. 주님의 나타나심, 말씀, 하신 일, 바라보심, 인생 등은 줄곧 우리를 심판하셨고 마지막까지도 마찬가지였다.

"그러므로 때가 이르기 전 곧 주께서 오시기까지 아무것도 판단하지 말라"고전 4:5.

주님의 뜻은 한결같으시며 주의 심판의 처음과 끝은 동일하다. 주님은 우리를 향해 성급한 판단을 내리지 않으신다. 주께서 오실 때는 우리를 정확하게 심판하실 것이고 우리는 그분의 심판을 받아들일 것이다.

주님의 심판에는 보복이 없다. 그분의 심판은 주의 인격적인 사랑으로부터 나온다. 나는 마지막 심판을 생각할 때 최고의 위로를 얻게 된다. 그 이유는 심판자가 누구인지 알기 때문이다. 예수님이 심판자가 되실 것이다. 예수님은 우리에게 망신을 주기 위하여 판결을 내리지는 않으실 것이다.

우리 안에 제거되어야 할 것들이 무엇인지를 완벽하게 아시는 주님께 자신을 맡기라. 그러나 우리가 고통과 부끄러움을 느끼지 못한다면 그러한 것들이 떠나지 않을 것이다.

사랑하는 사람에게 우리가 잘못하였을 경우 우리 마음이 무거울 때는 상대가 우리에게 따지는 때가 아니다. 오히려 조용히 말을 하지 않는 때이다. 긍휼 가운데 행하시는 주님의 심판도 이와 같다눅 15:21-24.

단 한 번의 기도조차 드릴 수 없다. 한 번도 주를 바라볼 수가 없다. 주님의 말 없는 용서하심 앞에 나의 가슴은 더 고통을 당한다.

> "혹 네가 하나님의 인자하심이 너를 인도하여 회개하게 하심을 알지 못하여"롬 2:4.

성경의 어떤 구절들은 주님의 재림에 관한 것으로 간주되지만 실제로는 지금 현실 속에서의 주님의 임재에 관한 것들이 있다살전 2:19 ; 3:13 ; 5:23 ; 요일 2:28. 주께서는 언제든지 우리 마음과 상황 속에 임하실 수 있다. 그러면 우리는 갑자기 부끄러움을 느낀다. 주님은 '친애하는 두려운 분'이시다. 우리는 주님을 사모하지만 동시에 뵙기를 두려워한다. 그 이유는 주의 임재는 우리의 잘못에 대하여 심판을 느끼게 하기 때문이다.

"악을 행하는 자마다 빛을 미워하여 빛으로 오지 아니하나니 이는 그 행위가 드러날까 함이요"요 3:20.

"내가 맞다"고 하면서 자신을 변호하려는 욕구에 빠질 때 당신은 빛으로부터 멀어지고 있다는 것을 즉각적으로 알게 된다. 당신은 주님을 뵐 때까지 당신이 맞다는 것을 주장하려고 하겠지만, 주님이 오시면 당신은 자신을 변호하려는 말 대신에 베드로처럼 "주여, 나를 떠나소서"라고 말하게 된다.

"누구든지 그리스도의 영이 없으면 그리스도의 사람이 아니라"롬 8:9.

고정관념에서 벗어나지 못한다면 우리는 예수님의 영으로 사는 것이 아니라 바리새인의 영으로 살게 된다. 만일 선한 성품으로 사람들에게 심판을 선포하지 못하고 단지 포용력이 전혀 없는 고정관념을 가지고 사람을 판단한다면 그 사람은 그리스도의 영으로 행하는 사람이 아니다. 이러한 사람은 다른 사람의 양심을 일깨울 뿐이다. 예수님은 절대로 이러한 심판을 하지 않으셨다. 주의 임재와 함께 나타나는 주님 고유의 거룩함으로 우리를 심판하셨다. 우리는 주를 볼 때마다 그 즉시 심판을 느낀다. 우리는 삶을 통해 예수님의 임재를 실천하며 그분의 성향에 따라 행해야 한다. 우리는 우리의 잘못을 향한 하나님의 무한한 용서를 체험하였기에, 다른 사람들에게도 동일한 용서를 보여줄 수 있어야 한다.

11장 주님의 기쁨

기쁨은 성경에 전반적으로 흐르는 주요 관심사이다. 기쁨이라고 할 때 우리는 건강과 상황이 좋아서 느끼는 즐거운 기분을 떠올린다. 그러나 하나님이 주시는 기쁨은 우리의 삶과 환경과 우리가 처한 조건과 상관 없다. 예수님은 우리에게 "힘내!"라고 말씀하지 않으신다. 그 대신 하나님의 속성에 속한 기쁨의 기적을 우리 안에 심어주신다.

"그런즉 내가 하나님의 제단에 나아가 나의 큰 기쁨의 하나님께 이르리이다" 시 43:4.

믿음의 핵심은 '하나님의 기쁨'이지 하나님 안에서의 '나의 기쁨'이 아니다. 하나님의 기쁨을 믿는 것은 위대한 일이다. 하나님의 기쁨을 앗아갈 수 있는 것은 아무것도 없다. 하나님은 통치하시고 기뻐하신다. 그분의 기쁨은 나의 힘이다. 신앙생활의 기적은 외적으로는 비참한 상황 가운데 있어도 하나님의 기쁨을 누릴 수 있다는 데 있다. 그 기쁨은 비참이 다 사라질 때까지 수고할 수 있는 힘을 준다. 기쁨은 행복과 다르다. 행복은 상황에 의존하지만 기쁨이란 어쩔 수 없는 상황에서도 그와 관계없이 누릴 수 있는 것이다.

"내 기쁨이 너희 안에 있어 너희 기쁨을 충만하게 하려 함이니라" 요 15:11.

예수님의 기쁨이 무엇이었는가? 하나님의 뜻을 행하는 것이었다. 주님께서는 그 기쁨이 우리의 기쁨이 되기를 원하신다. 나는 예수님의 기쁨을 누리고 있는가? 아니면 흥분 상태의 황홀함을 좋아하는가? 예수님의 기쁨을 누리는 것은 나의 행함과 결과가 아니라 기적이다. 예수님의 기쁨을 누리는 것은 하나님의 속성을 받음으로써 나타나는 결과이다. 예수님을 떠난 모든 인간의 체험에는 기쁨을 방해하는 요소들이 있다. 그러므로 야망을 이루고 돈과 명예와 인기를 가진다 할지라도 완성되지 못한 느낌, 덜 차 있고 뭔가 옳지 않은 느낌을 가지게 된다. 사람이 기쁨으로 충만할 때는 하나님께서 자신을 창조하신 목적을 이룰 때이다. 이러한 기쁨은 절대로 사라지지 않는다.

"저는 그 앞에 있는 즐거움을 위하여 십자가를 참으사" 히 12:2.

예수님 앞에 놓인 즐거움이 무엇이었는가? 그것은 구원 받은 영혼들로 인한 기쁨이 아니라 많은 자녀들을 영광으로 인도하는 기쁨이었다. 이 즐거움을 위하여 예수님은 십자가의 희생을 치르셨다. 주님은 눈앞에 놓인 기쁨 때문에 십자가의 부끄러움을 개의치 않으셨다. 주님은 가장 못나고 깨어진 질그릇을 취하여 하나님의 아들로 만드시는 일을 하셨다. 만일 그 일을 이루지 못하신다면 주님은 자신이 이 땅에 오신 목적을 이루지 못하시는 것이다. 그러나 악이 주님을 막지 못했고 선이 주님을 돕지 못했다.

"구하라 그리하면 받으리니 너희 기쁨이 충만하리라"요 16:24.

주님은 "내 이름으로 구하라"고 말씀하신다. 이 뜻은 '주님의 속성에 맞게' 구하라는 것이다. 그렇다면 어떻게 해야 예수님의 속성을 가질 수 있는가? 위로부터 거듭남으로 가질 수 있다. 즉, 구속을 근거로 성령께서 오셔서 예수님의 성향을 내 안에 넣으시면 나는 예수님의 속성을 가지게 된다. 이 모든 일은 오직 하나님의 은혜에 의하여 이루어진다.

"아버지께서 친히 너희를 사랑하심이니라"요 16:27.

이는 당신과 아버지 사이에 완전한 교제의 기적이 발생한 것이다.

이 세상에는 가슴을 찢는, 말로 표현하지 못할 슬픔들이 있다. 사람의 눈이 열리면 예수 그리스도가 없는 인생이란 전혀 살 가치가 없음을 발견하게 된다. 그러나 만일 예수님 없이도 인생을 살아볼 가치가 있다고 생각하는 사람이 있다면 그는 아직 눈이 먼 상태에 있다고 후 4:3-4. 당신은 어리석은 자들의 낙원에서 살고 싶은가? 아니면 당신의 감긴 눈을 열어달라고 주께 구하겠는가?

하나님의 기쁨은 예수님과 함께했다. 이에 예수님께서는 "그들로 내 기쁨을 그들 안에 충만히 가지게 하려 함이니이다"라고 말씀하셨다 요 17:13. 주님과의 친교의 기적은 예수 그리스도께서 세상을 구속하셨다는 것을 알고 믿는 데 있다. 내가 할 일은 사람들에게 이 사실을 알리는 것이고 그들을 주께 의탁하는 것이다. 나는 모든 관심을 버리고 다른 사람을 향한 예수 그리스도의 관심에 자신을 일치시킬 수 있는가?

"각 사람을 그리스도 안에서 완전한 자로 세우려 함이니" 골 1:28.

우리에게 영향을 주는 사람들은 무의식 가운데 옳은 것을 위해서 있는 자들이다. 그들은 마치 백합화와 별들과 같다. 하나님의 기쁨은 언제나 그들을 통해 흐른다.

"주께서 생명의 길을 내게 보이시리니 주의 앞에는 충만한 기쁨이 있고 주의 오른쪽에는 영원한 즐거움이 있나이다"시 16:11.

이 구절은 영원한 감사의 마음을 표현하고 있다. 당신은 생명의 길을 보여주신 하나님께 감사하는가?

생명의 길은 교리나 교훈이 아니라 "내가 곧 길이요"라고 말씀하신 예수 그리스도이다. 하나님은 누구든지 취하셔서 하나님의 기쁨의 기적을 그에게 심으실 수 있다. 그러면 그는 구체적인 현실의 삶 가운데 그 기쁨을 드러낼 수 있다.

12장 귀를 기울여야 할 주의 음성

"자기 양을 다 내놓은 후에 앞서 가면 양들이 그의 음성을 아는 고로 따라오되"요 10:4.

우리는 주께서 의도하시는 특별한 방법으로 우리의 귀를 사용하지 않는다. 우리는 상황에 상관없이 두려움이든 욕망이든 우리의 성향이 듣고 싶어하는 것만 듣는다. 사람은 뭔가를 원하면 다른 모든 것을 차단하고 오직 그 욕망을 향해 집중하게 된다.

우리가 주님께 귀를 기울인다는 것은 두려움이나 욕망을 넘어서서 진정한 겸손의 자리에 서 있다는 뜻이다. 거듭난 사람은 더 이상 자신의 특이한 성향에 묻혀버리는 대신에 자신의 성향을 초월하는 주님의 음성을 듣기 시작한다.

개별성의 산만함

"그들이 그날 바람이 불 때 동산에 거니시는 여호와 하나님의 소리를 듣고 아담과 그의 아내가 여호와 하나님의 낯을 피하여 동산 나무 사이에 숨은지라" 창 3:8.

이 구절에서 인격성에 일치되는 하나님의 음성은 분명하다. 개별성은 주님의 음성을 듣게 되면 싫어한다.

아담은 자신에 대한 권리를 스스로 취함으로 개별성을 인격성 위에 두고 다스리게 하였다. 따라서 그는 스스로 자기 위에 군림하면서 하나님과의 교제를 단절하였고 인격성의 음성을 거절하였다. 하나님의 음성을 거부한 아담과 하와는 두려움 가운데 주님의 낯을 피하였다. 그들은 하나님께서 인격성을 보호하기 위해 만드신 개별성을 택하여 그것을 신으로 만들어 버렸다.

인격성의 언어로만 말씀하시는 창조주가 오셨을 때 그들은 두려웠다. 이제 그들은 하나님을 실현하는 존재가 아니라 자신을 실현하는 존재가 되었다. 자기실현은 죄를 통해 인간의 속성에 자리잡은 개별성에 뿌리를 내리고 있으며 우리로 하여금 하나님의 음성을 듣지 못하도록 산만하게 한다.

우리가 듣기 원하는 것은 개인 중심적인 관계를 실현할 수 있고 그러한 복지와 발전을 추구할 수 있도록 돕는 음성들이다. 그러나 하나님의 음성은 이러한 모든 것을 덮으시기에 우리는 그분의 음성을 두려워하게 된다. 따라서 우리는 하나님의 음성을 듣기보다 우리의 개별성을 드러내는 음성을 강조하고 신성화한다. 즉, 우리가 원하는 대로 듣고 싶은 것이다. 자기실현을 추구하는 곳에 퍼지는 하나님의 음성은 끊임없는 당혹함을 만든다.

개별성은 예수 그리스도를 외면한다. 주께서 말씀하시면 우리의 개별적인 관심은 주의 음성이 들리지 않게 많은 잡음을 만든다.

"귀 있는 자는 성령이 교회들에게 하시는 말씀을 들을지어다"계 3:13.

당신은 개별성을 유지하느라 하나님의 음성을 듣지 못하는 것은 아닌가? 만일 상황에 대한 당신의 개별성의 반응이 하나님의 말씀과 상충될 때, 당신은 진심으로 주의 음성을 듣기를 원하는가?

예수 그리스도는 우리와 주님과의 인격적인 관계를 중요하게 여기신다. 주님은 우리의 개별성을 완전히 외면하신다. 주님은 우리의 개별성을 고려하지도 않고 계산하지도 않으신다. 그 이유는 개별성은 단지 껍질이며, 알맹이는 인격성이기 때문이다.

친밀함의 즐거움

"너 동산에 거주하는 자야 친구들이 네 소리에 귀를 기울이니 내가 듣게 하려무나"아 8:13.

하나님과 함께하는 존재들, 곧 천사들과 성도들은 주의 음성을 듣는다. 하나님의 동산에서는 하나님 자신이 경작도 하고 생산도 하신다. 식물, 꽃, 동물, 사람, 환경 등 모든 것을 가꾸신다.

●● 변화를 위하여 분리됨
"이 소리는 우리가 그와 함께 거룩한 산에 있을 때에 하늘로부터 난 것을 들은 것이라"벧후 1:18.

우리가 개별성으로부터 실제로 분리되면, 즉 자신을 실현하려는 모습에서 완전히 벗어나면, 우리는 변화산에서의 베드로의 체험에 상응하는 체험을 하게 된다. 이때 하나님께서는 우리에게 이렇게 말씀하신다.

"이는 나의 아들 곧 택함을 받은 자니 너희는 저의 말을 들으라"눅 9:35.

지금 우리는 이 음성을 들을 뿐 아니라 그분이 우리 안에 계신다.

●● **신뢰를 통한 헌신**

"양은 그의 음성을 듣나니 … 양들이 그의 음성을 아는 고로 따라오되"요 10:3-4.

신뢰는 하나님이 인도하시는 길을 다 이해할 수 없어도 하나님께 확신을 두는 것이다. 만일 상황이 다 이해된다면 신뢰란 필요 없다. 우리는 주님의 음성을 알기 때문에 그분이 어디로 가시든 그분의 음성을 듣고 따라간다.

주님의 음성에는 자기실현이나 죄의 음조가 없고 오직 성령의 음조가 있다. 주님의 음성은 '세미한 음성'으로서 근본적으로 단순하며 다른 음성과는 현저한 차이가 난다. 주님은 바람이나 지진, 불에도 계시지 않고 오직 미세하고 조용한 음성 가운데 계신다.

만일 우리가 예수님으로부터 인격적인 손길을 느꼈다면 우리는 성령 충만을 간절히 원할 것이다.

●● **성령 충만을 사모함**

우리의 모든 생애는 "나로 듣게 하옵소서"라는 소망으로 가득 차야 한다. 우리는 믿음이 아니라 사랑, 즉 하나님과의 친밀함으로 분별력을 갖게 된다. 구약성경은 믿음을 소중히 여기고 신약성경은 모든 것을 사랑의 관계에서 본다.

"네가 나를 사랑하느냐 … 내 양을 먹이라"요 21:17.

"그런즉 믿음, 소망, 사랑, 이 세 가지는 항상 있을 것인데 그 중에 제일은 사랑이라"고전 13:13.

바로 이러한 이유 때문에 주님은 베다니의 마리아의 행위를 높이 칭찬하셨다. 향유 옥합을 깨뜨린 마리아의 행위는 믿음의 행위라기보다 완벽한 사랑의 행위였다. 그 모습은 예수 그리스도를 향한 사랑을 무의식적으로 드러낸 것이었다.

나는 주님과의 친밀함을 가장 기뻐하는가? 아니면 전능하신 하나님을 이용하여 어떤 목적을 추구하려고 하는가? 혹시 나는 특별히 두각을 드러내는 성도가 되고 싶어서 주님께 기도하는 것은 아닌가?

주님을 사랑한다면 주의 음성을 분별하게 되는데, 이는 내가 주님과 인격적으로 하나됨으로써 나의 개별성이 제거되었다는 증거이다. 예수님과의 친밀함의 즐거움을 앗아가는 진짜 원수는 죄악이 아니라 바로 개인 중심적인 관계이다눅 14:26. 예수님과 친하지 않은 자들과 친밀함을 느낄 때 내 마음은 산만하게 된다.

우리에게 기쁨이 있는지 없는지에 따라, 우리가 하나님의 음성에 귀를 기울이고 있는지 않은지를 알 수 있다. 그 이유는 하나님의 음성에 귀를 기울이고 있다면 반드시 기쁨이 생기기 때문이다. 예수님은 "내 기쁨이 너희 안에 있어 너희 기쁨을 충만하게 하려 함이니라"요 15:11고 말씀하셨다. 하나님과의 친밀한 삶은 기쁨으로 나타난다.

우리는 기쁨이나 평강을 모조할 수 없다. 하나님께서 귀히 여기시는 것은 겉모습이 아닌 진짜 모습이다.

당신의 생명은 하나님 안에서 그리스도와 함께 숨겨져 있는가? 만일 그렇다면 당신은 끊임없이 주의 음성을 갈급해 할 것이다. 자기실현, 자기유익, 자기선호가 없는 그러한 음성을 들을 수 있는가? 영적으로 혼동에 빠지는 이유는 다른 것들에 관심을 갖고 몰입함으로써 예수 그리스도와의 친밀함을 깨뜨리기 때문이다. 주님과의 친밀함을 깨뜨리는 자아실현이나 개별적인 선호를 한쪽으로 밀어내고 오직 주님께 충성하라.

어두움에는 죄로 인한 것도 있지만 강한 빛으로 인한 것도 있다. 빛의 한가운데 있으면 말도 들리지 않고 아무것도 보이지 않는다. 장래는 불투명한데 아무런 인도가 없다. 이때 시련을 꾸준히 인내하면 그 시련을 통해 방향을 잡게 된다.

"내가 너희에게 어두운 데서 이르는 것을 광명한 데서 말하며"마 10:27.

어두울 때는 말하는 때가 아니라 듣는 때이다. 만일 어두움 속에서 말하면 당신은 오해 가운데 틀린 말을 하게 된다. 당신은 다른 사람의 삶 가운데 역사하시는 하나님의 섭리를 비난하게 될 것이고 하나님께서 이러한 일들을 하셔서는 안 된다고 따지게 될 것이다. 어두움 속에 있는 한, 당신은 하나님께서 무엇을 하시는지 알지 못한다. 그러나 빛으로 나오는 순간, 당신은 하나님이 하신 일을 발견하게 된다.

"네가 나의 인내의 말씀을 지켰은즉…"계 3:10.

시험은 언제나 인내하는 가운데 찾아온다.

13장 이제 주를 봅니다

"안식 후 첫날 일찍이 아직 어두울 때에"요 20:1.

밤이 되기 전에 황혼이 있고 새벽이 오기 직전에 가장 깊은 어두움이 있다. 새로운 날이 시작되었지만 빛과 광명이 아직 찾아오지 않아서 비참함 가운데 영적으로 어두움을 체험하는 때가 있다. 개인의 삶이나 한 국가의 역사를 볼 때 대격변이나 큰 위기 또는 깨어짐이 없이는 발전이 없었다. 우리는 평범한 삶 속에서 모든 것이 점차 발전하고 있다고 생각한다. 그러나 갑자기 무서운 일들, 하나님과 사람과 마귀들이 복잡하게 얽힌 일들, 범죄와 혐오스러운 일들이 발생하게 되면 혹시 개인적으로 어떤 발전의 가능성이 있을지라도 인류 전체가 점진적으로 발전하고 있다는 생각은 아예 송두리째 사라진다. 성경도 이를 지지한다. 예를 들어 예수님께서 중생에 대하여 뭐라고 말씀하시는가 들어보자.

"진실로 진실로 네게 이르노니 사람이 거듭나지 아니하면 하나님 나라를 볼 수 없느니라"요 3:3.

어떤 교사들은 중생이란 단순하고 자연스러운 과정이라고 가르친다. 그들은 자연적인 생명이 발전하는 과정에서 중생이 필요하다고 말한다. 그러나 예수님께서는 중생 외에는 다른 방법이 없을 만큼, 기존의 생명에 근본적인 문제가 있음을 지적하신다.

"내게 네게 거듭나야 하겠다 하는 말을 기이히 여기지 말라"요 3:7.

중생은 결정적인 위기이다. 우리는 하나님의 빛이 새벽같이 임한다고 말하곤 한다. 그러나 처음에 임하는 하나님의 빛은 그렇게 오지 않는다. 번개 빛처럼 엄청난 격변을 일으키며 찾아온다. 이러한 시작이 없으면 아무것도 진행될 수 없다. 역사에서든 개인의 삶에서든 모든 것의 시작은 논리에 있지 않고 큰 격변에 있다. 따라서 결과적으로 위기가 있을 수밖에 없다.

가장 어두운 새벽의 어두움

"안식 후 첫날 이른 아침 아직 어두울 때에 막달라 마리아가 무덤에 와서"요 20:1.

당신은 이보다 더 어두운 장면을 상상할 수 있는가? 막달라 마리아는 예수 그리스도의 엄청난 역사를 체험한 사람이다. 주님께서는 그녀를 완벽하게 구원해 주셨다.

"또한 악귀를 쫓아내심과 병 고침을 받은 어떤 여자들 곧 일곱 귀신이 나간 자 막달라인이라 하는 마리아와" 눅 8:2.

그런데 그녀는 자신의 눈으로 예수님께서 십자가에 못 박히시는 장면을 보게 된다. 그녀는 지금 자신의 생애 가운데 가장 큰 비참함을 겪고 애통해 하고 있다. 그리고 '아직 어두울 때에' 무덤을 찾아왔다. 빛도 조명도 없었다.

많은 사람들이 이러한 체험을 한다. 그들은 자신들의 체험을 간증한다. 그런데 그들의 간증은 실제로 발생한 사건임에도 불구하고 전혀 효력이 나타나지 않는다. 현재 그들은 그 때와는 다른 상황 가운데 있으며 그들의 간증은 사람들에게 아무런 도움이 되지 않는다. 그들은 자신들의 가치를 알리기 위하여 노력한다. 그러나 그들의 간증 안에는 생명도 능력도 없다. 많은 간증들의 약점이 바로 이것이다. 즉, 주님께서 자신들을 위해 행하신 '일'에 근거하여 증거한다는 점이다.

"다른 사람도 내가 체험한 것을 경험하게 하기 위해 하나님께서 나를 위해 하신 일들을 증거해야 해."

이 말은 듣기는 좋지만 성경적이지 않다. 예수 그리스도는 주께서 그들을 위하여 하신 일에 근거하여 제자들을 파송하신 적이 없다. 제자들을 내보내시는 시기는, 주께서 그들을 위하여 뭔가를 행하신 이후에 그들이 주님을 보았을 때이다 9:35-38. 사람들은 그들의 삶 가운데 있었던 회심과 하나님의 은혜를 증거한다. 그러나 아직 그들은 하나님을 분명하게 알지 못한다. 주께서 그들을 죄로부터 자유하게 하셨고 그들 안에 놀라운 역사를 행하셨음에도 불구하고 그들의 삶에서 가장 큰 열정이 예수 그리스도가 아니다. 그래서 그들의 개인적인 체험은 '주님을 알기 위한 수단'이 되어야 한다는 바울의 말과 연결되지 않는다.

영광스러운 날의 황폐함

"마리아는 무덤 밖에 서서 울고 있더니 울면서 구푸려 무덤 안을 들여다보니" 요 20:11.

마리아는 심한 좌절 가운데 혼자 서서 울고 있었다. 그녀가 맞은 새벽 중 가장 황폐한 새벽이었다. 그러나 사실 그 새벽은 그녀에게 가장 영광스러운 새벽이었다. 울면서 구푸려 본다는 것은 사람에게 좋은 일이다. 우리는 기쁨이 넘치고 건강할 때보다 슬픔과 비참함 가운데 처할 때 교만해지기 쉽다. 인간의 슬픔 속에는 마귀만큼 교만한 어떤 요소가 있다. 비참함이라는 사치 속으로 스스로 빠져드는 사람들이 있다. 그들은 언제나 고통스러운 일과 좌절되는 일만을 말한다.

"나만큼 고통을 당하는 사람은 없어. 나만 극심한 고통을 당해. 그래서 외로워." 그러나 이러한 마음 뒤에는 엄청난 교만이 숨어 있다. 이는 구푸릴 줄 모르는 슬픔이다.

"흰 옷 입은 두 천사가 앉았더라"요 20:12.

마리아는 눈물을 흘리는 가운데 천사를 보았지만 전혀 놀라지 않았다. 그녀가 원하는 유일한 분은 오직 주님이었기 때문이다.

"이 말을 하고 뒤로 돌이켜 예수의 서신 것을 보나 예수신 줄 알지 못하더라"요 20:14.

마리아는 예수 그리스도와 대면하여 서 있다. 그러나 그녀는 주님을 알아보지 못한다. 슬픔에 빠진 그녀는 예수님을 동산지기로 착각하였다. 과거에 예수님과 놀라운 시간을 보냈던 그녀는 지금 자신의 황폐함 가운데 주님을 알아보지 못하고 있다. 마찬가지로, 우리도 우리의 관점이 어떤 사건을 통해 근본적으로 바뀌지 않는 한, 오로지 자신의 편견에 빠져 세상을 볼 뿐이다. 예수 그리스도의 능력을 체험한다 해도 여전히 주님을 모를 수 있다. 그런데 주께서 갑자기 나타나셔서 말씀하신다. 그러면 우리는 외친다.

"이제 내가 주를 봅니다."

하나님의 섭리와 지혜는 무궁하며, 우리는 그분을 다 알 수 없다.

위대한 가름 산맥the Great Divide으로부터 오는 지시

"예수께서 마리아야 하시거늘"요 20:16.

마리아가 슬픔에 젖어 있을 때 예수님께서는 그녀에게 그녀와 함께했던 모든 인격적 관계를 함축하는 하나의 단어를 말씀하셨다.

"마리아야!"

만일 마리아가 예수 그리스도와 함께하였던 과거가 없었다면 그녀는 자신을 부르는 분이 주님이신지 알아보지 못했을 것이다. 만일 당신이 주님과 함께한 시간들이 있다면, 예를 들어 주께서 당신을 구원하시고 자유하게 하셨던 경험이 있다면, 주께서는 가장 친밀한 음성으로 당신에게 말씀하실 것이다. 그러면 당신은 그 목소리를 알아들을 뿐 아니라 당신의 모든 것으로 분명히 알게 된다.

"주님이시다! 주님 외에는 그 어떤 사람도 내게 이렇게 말할 수 있는 분이 없다."

"마리아가 돌이켜 히브리 말로 랍오니 하니(이는 선생님이라는 말이라)"요 20:16.

마리아는 주께서 자신과의 과거의 관계로 다시 오셨다고 생각했다.

"주께서 다시 오셨구나!"

그러나 예수님께서 말씀하신다.

"나를 만지지 말라 내가 아직 아버지께로 올라가지 못하였노라"요 20:17.

이 말을 풀어 쓰자면 다음과 같다.

"더 이상 너의 감각으로 나를 붙들 수 없다. 전처럼 네 개인의 소유로서 나를 붙들 수 없다. 지금부터의 관계는 네가 아직은 생각조차 할 수 없는 것인데, 바로 내주하시는 성령을 통하여 네가 나와 일치가 되는 관계란다. 이를 가능하게 하기 위하여 내가 아버지께로 간다."

"너는 내 형제들에게 가서 이르되 내가 내 아버지 곧 너희 아버지, 내 하나님 곧 너희 하나님께로 올라간다 하라"요 20:17.

'위대한 가름 산맥'으로부터 내려오는 지시는 멈추거나 머뭇거리지 말고 '가라'는 것이다. 우리가 주님을 만나고 주의 영에 의하여 주님이 누구신지 알게 되면 주께서는 '가라'고 말씀하신다.

"현실 속으로 가라. 가서 내 형제들에게 말하라. 내가 너를 위해 무엇을 하였는지를 말하지 말고 주께서 다시 살아나셨다고 말하라."

예수님을 직접 만나서 그분이 정말로 누구신지 알기까지는 그 누구도 다른 사람에게 예수님에 관하여 말할 자격이 없다. 주님께서 부여하신 선물, 곧 성령께서는 주님의 생명을 우리에게 부여하신다. 어두움은 죄와 동의어가 아니다. 영적으로 어둡다면 이는 죄 때문이라기보다 하나님의 손길의 그림자일 가능성이 훨씬 높다. 어두움은 인격적으로 커다란 깨어짐을 체험함으로써 새로운 계시를 깨닫게 되는 문턱이라 할 수 있다.

"의인의 길은 돋는 햇살 같아서 크게 빛나 한낮의 광명에 이르거니와" 잠 4:18.

만일 당신이 개인적인 차원에서 황폐함의 어두움을 체험하고 있다면 인내로 견디고 이기라. 그러면 전과는 비교할 수 없는 차원에서 예수님을 만나게 될 것이다.

"내가 온 것은 양으로 생명을 얻게 하고 더 풍성히 얻게 하려는 것이라" 요 10:10.

이 생명은 죽음이 없는 영생을 의미한다.

2부

주의 능력으로 승리하리라

당신의 마음은 전적으로 하나님께 집중되어 있는가? 아니면 주님을 위한 봉사에 집중되어 있는가? 만일 하나님을 위한 봉사에만 신경을 쓴다면, 이는 사람들에게 잘 보이려는 가식에 사로잡혀 있다는 뜻이다.

14장 광야 생활

"사랑하는 자들아 너희를 연단하려고 오는 불 시험을 이상한 일 당하는 것같이 이상히 여기지 말고" 벧전 4:12.

우리는 여러 연단을 거쳐 증명이 될 때까지는 절대로 믿음을 가지지 않는다. 인생에는 광야와 같은 때가 있다. 지금 이 전쟁1차 세계대전은 불 시험이다. 곧 하나님의 선하심과 공의에 대한 우리의 믿음을 시험하는 상황이다. 당신이 믿는 바와 상식이 상충하는 상황에서 당신은 하나님을 향해 변함없는 믿음을 유지하겠는가?

황폐한 광야를 작정하심

"아담에게 이르시되 네가 네 아내의 말을 듣고 내가 네게 먹지 말라 한 나무의 열매를 먹었은즉 땅은 너로 말미암아 저주를 받고 너는 네 평생에 수고하여야 그 소산을 먹으리라"창 3:17.

실제의 삶에는 황폐한 광야가 있다. 이는 하나님의 작정에 의한 것이다. 성경에서는 소위 자연법이란 없다. 광야의 뿌리를 따라올라가 보면 하나님의 작정이 있다. 따라서 황폐한 광야는 하나님께 괴로움을 주지 않는다. 우리가 어찌할 수 없는 광야는 하나님의 계획 안에서 완벽하게 다스려진다. 회교에서는 광야를 '알라신의 동산'이라고 멋지게 표현한다. 그러나 광야의 특징은 "낮의 해가 너를 상치 아니하며"시 121:6에서 보듯이 강렬함, 잔인함, 그늘이 없는 태양이다. 광야의 또 다른 특징은 전혀 도움이 안 되는, 밀려오는 폭풍이다. 인정사정 없이 닥치는 열풍, 메마름, 작열함이다. 예레미야는 광야의 황폐함을 이렇게 서술하였다.

"그때에 이 백성과 예루살렘에 전할 자가 있어서 뜨거운 바람이 광야에 있는 헐벗은 산에서 내 딸 백성에게 불어온다 하리라 이는 키질하기 위함도 아니요 정결하게 하려 함도 아니며"렘 4:11.

광야에서 비추는 태양이나 폭풍은 아무런 유익이 없다. 고향의 밤과는 다른 광야의 밤은 두려움을 준다. 광야를 조금 맛보는 것은 매력적일 수 있다. 그러나 '크고 두려운 광야'에서 살아가는 것은 정말로 겁나는 일이다신 1:19.

광야의 특징은 인생을 그대로 맛본 자가 하나님께 느끼는 특징과 같다. 노르웨이 극작가 입센은 인생이란 황폐한 광야임을 분명히 보았다. 즉, 죄의 무서운 결과들을 보았던 것이다. 그는 사실을 있는 그대로 깨달은 자로서 하나님을 그대로 보았다. 우리는 입센이 비관론자라고 말하지만 만일 낙천적 기질에 영향을 받지 않고 제대로 생각할 줄 아는 사람이라면 누구나 비관론자가 될 것이다. 치우치지 않고 똑바로 생각하는 사람이라면 세상에서 선함과 순결보다 절망을 볼 것이다. 사람이 인생을 그대로 볼 줄 안다면 오직 두 가지만 남게 되는데, 그중 하나를 선택해야 한다. 즉, 예수 그리스도와 그분의 십자가를 받아들이든지 아니면 자살하는 것이다. 그럼에도 많은 사람들이 자비로운 안개에 싸여 눈이 멀어서 황폐한 광야를 보지 못하고 막연한 소망을 안고 살아간다.

광야가 존재하는 이유는 사람이 선악을 알게 하는 나무의 실과를 먹었기 때문이다. 하나님은 동산 중앙에 그 나무를 두셨다. 그러나 그 나무의 열매를 먹지 말라고 명하셨다. 하나님은 예수님처럼 사람이 오직 선으로만 악을 알게 하셨다. 그러나 악으로 선을 아는 자들에게는 황폐한 광야를 체험하도록 정하셨다. 이 땅의 창조 질서 및 사람의 도덕적인 속성이 하나님과 접하게 되면, 창조 질서는 '아름다움'을 나타내고 도덕적 속성은 '사랑'을 보이게 된다. 그러나 하나님의 손길에서 벗어나는 즉시 아름다움과 사랑은 사라지고 혼돈과 진노가 찾아온다.

인류의 연방체 대표인 첫째 아담은 인류를 하나님의 진노의 터 위에 올려놓았다. 그러나 둘째 아담이신 예수 그리스도는 인류를 다시 하나님의 사랑의 터 위에 올려놓았다. '아담 안에' 또는 '그리스도 안에'라는 용어는 신비적인 개념이 아니라 사람의 조건에 대한 실제 계시이다. '아담 안에' 있는 사람의 삶은 황폐한 광야로 내려가게 된다. 사랑을 예로 들면, 아담 안에서의 사랑은 언제나 그 끝에 비극이 있다. 생명을 예로 들어도, 아담 안에서의 생명은 그 끝이 황폐한 죽음이다. 그러나 '그리스도 안에서'는 모든 것이 원위치로 돌아간다.

"예수는 지혜와 키가 자라가며 하나님과 사람에게 더욱 사랑스러워가시더라"눅 2:52.

주님은 선악을 알게 하는 나무의 실과를 먹지 않으셨다. 오직 선으로만 악을 아셨다. 사람이 위로부터 거듭나면 인생의 황폐한 광야가 사라진다. 이제 사랑의 슬픔은 사라지고 사랑은 다른 곳이 아닌 하나님의 마음 안에서 마치게 된다. 또한 '그리스도 안에' 있는 생명은 죽음을 모른다. 점점 더 풍성해질 뿐이다. 만일 당신이 사람을 향한 하나님의 본래 계획을 알기 원한다면, 예수 그리스도 안에서 그 계획을 발견할 수 있다. 이 땅에서 주님은 하나님으로서가 아니라 사람으로서 승리의 삶을 사셨다. 이기신 분은 예수님 안의 인간이었다.

광야에서 마주한 사탄과 하나님

"성령이 곧 예수를 광야로 몰아내신지라"막 1:12.

성경에서 사탄은 하나님의 원수로서 인간성의 자기 유익을 나타낸다. 주님께서 "사탄아 물러가라"고 하신 말씀은 하나님의 관심과 상충되는 인간성의 관심을 나타낸다마 4:10 ; 16:23. 사탄은 유혹을 통해 첫째 아담 안에서 이루었던 일, 즉 하나님과의 하나됨을 파괴하는 일을 한다. 주님은 변함없이 "내가 하늘에서 내려온 것은 내 뜻을 행하려 함이 아니요 나를 보내신 이의 뜻을 행하려 함이니라"고 대답하셨다요 6:38-39. 그러나 첫째 아담은 이를 거부했다.

예수님께서 말씀하셨다.

"사람이 떡으로만 살 것이 아니요 하나님의 입으로 나오는 모든 말씀으로 살 것이라"마 4:4.

문명은 우리가 광야와 진노의 기반에 서 있다는 사실을 보지 못하게 속인다. 그래서 우리는 떡과 떡이 의미하는 것만을 필요로 한다. 사탄이 주님께 주장한 내용은 "만일 당신이 사람들에게 떡을 주면 그들이 당신을 왕으로 삼을 것이다"라는 것이었다요 6:15. 그러나 예수 그리스도의 순종의 첫째 관심은 언제나 하늘 아버지의 뜻이었다. 예수 그리스도는 인자로서 하나님 아버지께 순종하셔서 결국 모든 인류가 다시 하나님께로 돌아오게 하셨다. 이때 주께서 강한 자를 묶으시고 이기신 곳은 광야였다. '강한 자'는 하나님의 보좌에 앉은 인류를 인격화한 것이다. 강한 자가 다스릴 때는 그의 소유, 즉 사람들이 화평하게 지낸다. 그러나 '더 강한 자'가 와서 그를 이길 때 "그가 믿던 무장을 빼앗고 그의 재물을 나눈다"눅 11:22.

예수 그리스도는 인본주의의 다스림을 전복시키는 분이시다. 바로 이러한 이유 때문에 개인적으로 또는 국가적으로 예수 그리스도를 인류의 원수로 여기기도 한다.

"내가 세상에 화평을 주러 온 줄로 생각하지 말라 화평이 아니요 검을 주러 왔노라"마 10:34.

광야에서의 방향

"하나님의 말씀이 빈 들에서 사가랴의 아들 요한에게 임한지라" 눅 3:2.

"그러나 내 어머니의 태로부터 나를 택정하시고 그의 은혜로 나를 부르신 이가 그의 아들을 이방에 전하기 위하여 그를 내 속에 나타내시기를 기뻐하셨을 때에 내가 곧 혈육과 의논하지 아니하고 또 나보다 먼저 사도 된 자들을 만나려고 예루살렘으로 가지 아니하고 아라비아로 갔다가 다시 다메섹으로 돌아갔노라"갈 1:15-17.

하나님의 말씀이 광야에서 요한과 바울에게 임하였다. 사람이 인생 가운데서 영양분을 얻게 되는 때는 하나님과 단둘이 있게 될 때이다. 사람은 광야를 체험할 때 나아갈 방향을 얻게 된다. 시인은 말한다.

"고난 당하기 전에는 내가 그릇 행하였더니 이제는 주의 말씀을 지키나이다"시 119:67.

히스기야 왕이 죽음에 직면하게 되자 그에게 깊은 변화가 나타났다.

"내가 무슨 말씀을 하오리이까 내 영혼의 고통으로 말미암아 내가 종신토록 방황하리이다"사 38:15.

사람은 이런 식으로 "사람이 떡으로만 사는 것이 아님"을 배운다. 인생에는 공포와 두려움을 만드는 요소들이 있다.

광야를 제거하시는 하나님

"광야와 메마른 땅이 기뻐하며 사막이 백합화같이 피어 즐거워하며 무성하게 피어 기쁜 노래로 즐거워하며 레바논의 영광과 갈멜과 사론의 아름다움을 얻을 것이라 그것들이 여호와의 영광 곧 우리 하나님의 아름다움을 보리로다"사 35:1-2.

하나님께서는 사람을 위해 광야를 바꾸어 동산이 되게 하신다. 사람의 죄가 지구를 오염시켰기 때문에 정화되어야 한다사 24:1. 그러므로 새하늘과 새땅이 임할 것이다. 새하늘과 새땅의 실제 조건은 유토피아를 꿈꾸던 자들이 생각한 것보다 훨씬 더 엄청날 것이다.

"모든 눈물을 그 눈에서 씻기시매 다시 사망이 없고 애통하는 것이나 곡하는 것이나 아픈 것이 다시 있지 아니하리니"계 21:4.

그 이후로 광야는 없다. 눈물도, 어두움도, 죄악으로 인한 연약함도, 더러운 생각들도, 아픔도, 병도, 슬픔도 없을 것이다. "하나님이 자기를 사랑하는 자들을 위하여 예비하신 모든 것"을 누리게 될 것이다고전 2:9.

15장 하나님의 희생

"사람이 친구를 위하여 자기 목숨을 버리면 이보다 더 큰 사랑이 없나니"요 15:13.
"우리가 아직 죄인 되었을 때에 그리스도께서 우리를 위하여 죽으심으로 하나님께서 우리에 대한 자기의 사랑을 확증하셨느니라"롬 5:8.

사람의 희생과 하나님의 희생에는 엄청난 차이가 있다. 요한복음의 구절은 사람이 이룰 수 있는 최고의 희생에 대해 언급하는 반면, 로마서의 구절은 사람이 할 수 없는 희생으로서 인류를 위하여 치르신 하나님의 희생에 대해 말한다.

요한복음에서의 희생은 종교와는 상관이 없다. 이방인들이나 무신론자들 중에서도 친구를 위하여 자신의 생명을 내어놓는 일이 종종 있다. 물론 그리스도인들 중에도 이러한 사람들이 있다. 친구를 위하여 자신의 생명을 내어놓는 것은 인간의 속성 중 매우 위대한 부분이지만 그 희생 자체에 신성이 있는 것은 아니다. 평소에 깡패로 살다가 전쟁 중에 친구를 위하여 자신의 생명을 던짐으로 가장 영웅적인 행위를 남기는 자들도 있다.

하나님의 사랑은 그 이상이다. 하나님은 원수들을 위하여 주님의 목숨을 내어놓으셨다. 이것은 인간이 할 수 있는 일이 아니다. 성경의 가장 기본적인 계시는, 우리가 하나님의 얼굴에 침을 뱉고 있을 때 하나님께서 우리를 구속하셨다는 사실이다. 그럼에도 불구하고 우리는 고상하고 순결한 인간적인 희생에 대해서는 많은 감동을 받지만 갈보리의 희생에 대해서는 아무런 감동을 받지 않는다. 사람들은 하나님의 희생보다 인간의 희생을 보면서 훨씬 더 흥분한다. 나아가 갈보리를 무시하고 그것이 인간의 덕과 고상함에 상충된다고 여긴다. 즉, 사람들은 참호 속에서 동료를 위하여 싸우는 인간들의 우정에 훨씬 더 감동한다. 아무튼 하나님의 사랑은 사람들의 기준과는 어긋난다.

일반적으로 사람들은 실질적인 유익을 추구하면서 성경이 아무 유익이 없다고 생각한다. 문제에 봉착하기 전까지는 성경이 말하는 바를 무시한다. 성경은 구속Redemption에 관하여 말한다. 즉, 상식에 맞는 유익이 아니라 하나님께서 인류를 위하여 무엇을 하셨는지에 대해 말한다. 인류에 대한 가장 근본적인 계시는 하나님께서 우리를 구속하셨다는 사실이다. 구속은 끝났고 완성되었다.

그러면 구속은 각 개인의 삶에 어떤 의미가 있는가? 만일 구속의 필요를 느끼지 못한다면 구속의 사건은 자신의 현실적인 삶에 아무런 의미가 없을 것이다. 예수님께서 죽으셨든 다시 사셨든 자신에게는 중요하지 않은 문제일 것이다. 그러나 죄의 문제 또는 깊은 곳을 뒤엎는 어떤 사건들을 만나게 되면 자신을 초월하는 무엇인가가 있다는 사실을 발견하게 된다. 이때 예수 그리스도의 계시가 임한다. 만일 이때 자신을 주님께 맡기면 구원을 얻게 된다. 이때의 구원은 구속의 바탕 위에서 하나님의 완벽한 빛과 자유함으로 들어가는 것이다.

구속은 계시이므로, 사람이 도를 닦아 깨달을 수 있는 것이 아니다. 계시를 삶의 근거로 삼지 않는 사람은 자신이 해결할 수 없는 문제들을 만나게 된다. 그러나 스스로는 자신의 영혼을 구원할 수 없고 하나님과 올바른 관계도 맺을 수 없다. 이것은 신발끈으로 자신을 하늘에 매다는 것보다 더 어려운 일로서 전혀 불가능한 일이다. 그러나 구속은 이를 가능하게 한다. 그러므로 인간의 삶의 뿌리에 구속이 있어야 한다.

구속은 하나님께서 자신이 하실 일을 다 하셨다는 뜻이다. 이에 사람은 구속을 '받게 될 것'이 아니라 이미 받았다. 십자가 상에서 예수님께서 "다 이루었다"고 말씀하셨다. 그러나 구속이 자신의 현실적인 삶 속에서 역사하도록 하는 것은 그 계시에 관한 마음자세에 달려 있다. 모든 사람은 구속을 받았다. 성령께서는 우리가 구속을 받왔다는 사실을 깨닫게 하기 위해 여기에 계신다. 이 깨달음이 생기면 그 사람의 마음속에는 감사의 마음이 생긴다. 그 후 실질적인 삶 속에서 하나님께 유익한 존재가 된다.

인간의 희생은 결코 구속적일 수 없다. 고상하든 무식하든 어떻게 사람이라는 존재가 나를 하나님께로 인도할 수 있겠는가? 사람의 희생은 나로 하여금 "그 사람, 참 대단한 사람이야"라고 감탄하게 할 뿐이다. 그러나 하나님에 대하여는 아무것도 말해주지 않는다. 하나님을 알지 못하는 사람들도 고결한 모습 가운데 다른 사람을 위해 자신의 생명을 던지는 일이 있다. 이는 사람이 할 수 있는 최고의 사랑이다. 그러나 하나님의 사랑은 하나님을 원수로 여기는 자들을 위해 자신의 생명을 내어놓은 사랑이다. 이에 그분의 생명이 구속의 기초가 된 것이다. 우리는 하나님께서 인류를 위하여 이루신 이 구속의 기초 위에서 이성적으로 생각할 수 있어야 한다. 당신이 알고 있는 가장 악한 사람을 생각해보라. 당신은 확신과 기쁨을 가지고 이렇게 말할 수 있는가?

"그 사람도 예수 그리스도 안에서 완전할 수 있다."

이 질문에 대한 답변은 당신이 예수 그리스도를 얼마나 믿는지 혹은 당신의 상식을 얼마나 믿는지에 대해 말해준다.

복음은 사람에게 좋은 소식이기 전에 하나님에 대한 좋은 소식이다. 즉, 하나님께서 죄를 지은 인류 대신에 죄에 대한 책임을 지셨다는 말씀이다. 십자가가 바로 하나님께서 그렇게 하셨다는 증거이다.

인간의 삶의 기초는 구속이다. 그 기초 위에서 하나님께서는 누구에게나 기적을 행사하실 수 있다. 하나님께서는 구속을 근거로 우리 안에 새로운 성향을 집어넣으실 수 있고 이에 우리는 완전히 새로운 삶을 살 수 있다. 복음이 각 사람들의 마음에 가져오는 평안을 생각해보라. 또한 거짓 복음이 남길 영적 낙태를 생각해보라.

신앙의 시험은 우리의 필요를 얼마나 만족시키느냐 하는 문제가 아니라 우리가 가장 악하게 생각하는 그들을 어떻게 대하느냐의 문제이다. 만일 구속이 가장 악하고 비열한 사람을 포용할 수 없다면 예수 그리스도는 사기꾼이다. 그러나 만일 성경이 말한 대로라면 하나님은 이 세상의 벼랑 끝에 서 계신다. 그러다가 죄의 책망으로 인해 그 벼랑으로 오는 사람을 품에 안아 구원해 주신다. 하나님마저 자신을 용서할 수 없다고 절망한 사람이 아니라면, 하나님은 누구든지 용서하실 수 있다.

16장 패배에 대한 두려움

"그가 모든 원수를 그 발 아래에 둘 때까지 반드시 왕 노릇 하시리니 맨 나중에 멸망 받을 원수는 사망이니라"고전 15:25-26.

삶에서 가장 두려운 것은 자신을 위한 개인적인 두려움이 아니라 결국 하나님이 패배하시는 것은 아닐까 하는 두려움이다. 우리는 이러한 두려움을 표현하지 않지만 삶 가운데서 유사한 체험을 하게 되면 그 두려움이 입술로 표현된다.

"주님이 다스리셔야만 하는데…."

이 표현은 사실 우리의 가장 큰 두려움을 나타낸다. 결국에는 예수 그리스도께서 패배자로 드러나고 악과 불의가 승리하지 않을까 하는 두려움이다. 우리는 주께서 반드시 이길 것이라는 강한 강조의 표현을 통해 오히려 우리의 두려움을 드러낸다. 이러한 현상은 매우 이상하지만 사람은 두려운 것에 대하여 더 강렬하게 반박하며 말하게 된다. 따라서 특별한 두려움이 찾아오면 사람들은 절박하게 단언하듯이 주장한다.

"그래, 나는 주님이 반드시 승리하실 것을 조금도 의심하지 않아."

그러나 마음속에는 주께서 승리하지 못하실지도 모른다는 두려움이 있다. 이러한 현상은 다른 곳에서도 쉽게 찾아볼 수 있다. 소설을 읽다가 소설 속의 영웅이 승리하는지를 알고 싶어서 책의 맨 뒤를 먼저 읽는 때가 있지 않은가!

두려움은 사실이다. 뭔가 잘못되면 그 사실을 인정하지 않는 사람들이 있다. 그런 일이 없다는 것이다. 그러나 두려움은 실제의 사건이다. 두려움이 없이는 용기도 없다. 용감한 사람은 자신의 두려움을 극복한 사람이다. 개인적으로, 국가적으로 우리를 숨막히게 하는 두려운 일들이 있다. 그러나 우리는 믿음 안에서 끝을 바라보아야 한다.

두려운 시간

"예수께서 열두 제자에게 이르시되 너희도 가려느냐"요 6:67.

요한은 사람들이 예수님께 실망한 사실을 기록하고 있다. 외부의 군중은 예수님께서 하신 놀라운 일들을 보고 모여들었고 주님을 왕으로 삼으려 했다요 6:15. 그러나 예수님은 그들을 실망시켰다.

"자기가 하늘로서 내려온 떡이라 하시므로 유대인들이 예수에 대하여 수군거려 이르되"요 6:41.

군중은 곧 예수님을 떠났다. 예수님의 가르침을 받으며 종교적이고 지적인 만족을 느끼던 소수의 군중도 예수님께서 마음을 상하게 하는 말씀을 하시자 상처를 입고 떠났다.

"제자 중 여럿이 듣고 말하되 이 말씀은 어렵도다 누가 들을 수 있느냐"요 6:60.

그 후에는 제자들의 무리만 남아 있는 상태가 되었다. 이들에 관하여 요한은 "이러므로 제자 중에 많이 물러가고 다시 그와 함께 다니지 아니하더라"요 6:66라고 기록하고 있다. 그러자 주님은 모든 사람들이 자신을 버리고 떠날 두려운 시간에 대해 말씀하신다. 이미 군중이 떠났고 바리새인들이 떠났으며 제자들도 떠났다. 주님은 얼마 되지 않는 소수의 제자들을 돌아보며 말씀하신다.

"너희도 가려느냐"요 6:67.

이에 베드로가 의미심장하게 대답하였다.
"우리가 너무한 것 같다."

제자들의 마음은 지금 두려웠다. 자신들 때문이 아니라 주님 때문에 두려웠다.

"결국 우리는 이 사람에게 속은 것인가? 우리는 이 사람 때문에 집도 버리고 직장도 버렸는데…. 지금까지 이 사람은 놀라운 일을 했는데, 정말로 이 사람이 결국 우리의 원하는 바를 다 이루어줄까?"

예수님께서는 지금 우리 각자에게 질문하신다.

"너희도 가려느냐?"

우리는 대답해야 한다.

"나는 예수 그리스도께서 해내실 줄 믿습니다."

그러나 상황은 너무나 두렵고 강해서 의심이 생긴다. 두려움의 중심에는 언제나 '거짓'이 있다. 거짓은 우리가 예수 그리스도를 다른 사람을 대하듯 평가하기 때문에 생기는 것이다. 예수 그리스도께서 제자들에게 성공을 잣대로 자신들을 평가하지 말라고 말씀하신 것은 매우 중요하다눅 10:19-20. 인간들의 일반적인 평가 기준에 따르면, 주님은 땅에 떨어진 한 알의 밀알로서 아무런 가치가 없는 존재이다.

> "한 알의 밀이 땅에 떨어져 죽지 아니하면 한 알 그대로 있고 죽으면 많은 열매를 맺느니라"요 12:24.

성령의 자발적인 역사로 인해 발생한 힘찬 역사를 살펴보라. 시간이 지나면서 참된 영적 능력이 사라지는 때가 찾아온다. 놀랍게도 조직이 커지고 성공하게 되면 영적 능력이 없어진다. 대부분의 교단과 선교 단체는 성공적인 조직체가 되었지만 참된 영적 능력을 잃어버렸다. 그 이유는 자신들의 조직체를 크게 만들고 성공시키려는 데 마음을 쏟게 되면서 지금의 모습을 존립하게 하였던 처음의 것들이 땅에 떨어져 썩었기 때문이다.

현대 선교의 가장 큰 덫은 영혼을 구한다는 명목으로 상업정신을 신성화하는 것이다. 하나님께서 영혼을 구원하지 않으신다는 뜻이 아니라 '영혼을 향한 열정'이라는 표어 뒤에 숨겨진 인간들의 상업적 동기가 덫이라는 뜻이다. 성도의 표어는 '그리스도를 향한 열정'이어야 한다. 성공이라는 욕심이 기독교 사역에 몰래 들어와서 '영혼을 얻어야 한다'고 속삭인다. 그러나 원천을 망각하고 그로부터 격리되는 한, 우리는 영혼을 얻을 수 없다. 이 원천은 예수 그리스도만을 믿는 것이다요 7:37. 원천을 보지 않고 원천으로부터 흐르는 흐름인 원천의 결과만을 보는 순간부터, 우리는 진리의 특정 분야에서만 전문가가 되는 위험 가운데 처하게 된다. "주님이 다스리신다"는 확신을 갖기보다 특별한 수단들, 즉 인기 있는 광고, 감정을 뜨겁게 하는 비결, 분위기 조장 등을 의지하게 된다. 만일 두려움의 시간 가운데서 예수 그리스도께 진실하게 서면, 우리는 우리를 흔드는 두려운 마음의 중심에 거짓이 있음을 발견하게 된다.

예수 그리스도를 향한 진실한 삶은 일반적인 평가 기준에서 성공했다고 볼 수 없다. 그러나 한 알의 씨앗이 그대로 있으면 영원히 알

수 없고 오직 땅에 떨어져 죽어야만 알 수 있듯이, 밀알의 기준에 의해 우리의 삶은 평가될 것이다. 밀알은 곡간에 모여 여러 과정을 거쳐서 사람들의 음식이 된다. 이것이 '찢겨진 빵'이 되는 비결로서 하나님은 이러한 삶을 성공으로 간주하신다. 하나님은 추수 자체가 아니라 추수가 변하여 영양분이 넘치는 빵으로 변할 때 인정하신다.

포기된 소망

"기도 후에 일어나 제자들에게 가서 슬픔을 인하여 잠든 것을 보시고"눅 22:45.

제자들은 예수님을 위하여 모든 것을 포기하고 삼년 동안 예수님을 따랐다. 이제 주님께서 검을 사라고 심각하게 말씀하신다눅 22:36. 베드로와 다른 제자들은 이제 곧 주님께서 공격을 하셔서 주님의 나라를 세울 것이라고 생각했다. 그들은 기다리며 기도하는 대신에 투쟁을 다짐하였다. 그러나 그들이 가장 두려워했던 일이 발생했다. 예수 그리스도께서 싸우는 대신에 철저하게 항복하셨던 것이다. 모든 것이 부끄러운 허사로 끝났다. 베드로는 예수님께서 세상 권력 앞에 그렇게 맥없이 무너지실 것이라고는 꿈에도 생각하지 못했다. 그는 크게 마음이 상한 가운데 '멀리서' 예수님을 좇았다. 멀리서 예수님을 좇던 베드로를 겁쟁이라고 부르는 것은 가당치 않다. 베드로를 비롯한 모든 제자들은 상한 심령에 사로잡힌 상태였다고 볼 수 있다. 예수님을 향해 그들이 가졌던 모든 소망이 철저하게 무너졌기 때문이다.

"우리는 주님만을 믿었는데, 그분이 승리할 것이라고 믿었는데…"

가장 두려워했던 일이 현실로 나타나자 그들은 모두 예수님을 버리고 도망쳤다. 베드로 이후에도 셀 수 없이 많은 그리스도인들이 깊은 상심에 빠졌다. 개인적으로 뭔가를 두려워했기 때문이 아니라 주님이 완전히 패배하신 것처럼 보였기 때문이다. 두려운 마음의 가장 깊은 곳에 숨겨진 거짓이 완전히 승리하는 것 같았다.

이 세상의 질서 속에서 영적인 면을 깨달으려면 언제나 세상을 향해 허망함을 체험해야 한다. 우리는 모든 것의 뿌리까지 가보아야 한다는 것을 자주 잊는다. 예를 들어, 문명이 옳은 것이며 인간이 아는 최고의 것이라면 이와 반대로 기독교는 심각한 실수가 된다. 그러나 우리가 성경으로 돌아가면 문명은 우리가 아는 최고의 것이 아니며 철저하게 잘못된 기반 위에 서 있다는 사실을 발견하게 된다. 문명은 그 중심에 '이성'을 뿌리로 한다. 그러나 예수 그리스도의 가르침은 그 중심에 '비극'을 뿌리로 한다. 결과적으로 참된 영적 삶은 세상 문명의 허망함을 기초로 설 수밖에 없다. 우리가 밟는 이 땅의 속성도 마찬가지이다.

성경에 의하면, 온유한 자는 '세상'이 아니라 땅을 유업으로 받는

다마 5:5. 성경에서 세상이란 사람이 하나님의 땅에 세운 문명 시스템을 말한다. 한편 하나님의 땅은 우리가 지금 서 있는 이 땅과 같다. 사람들은 이 땅에서 자신들이 하고 싶은 것을 한다. 쓰레기를 한곳으로 모으고, 땅을 파고 참호를 만들며, 측량을 하고 계산을 한다. 그 바탕 위에 인간의 교만을 세운다. 그러나 예수 그리스도께서 말씀하신다.

"온유한 자는 복이 있나니 저희가 (그) 땅을 기업으로 받을 것임이요"마 5:5.

땅 자체가 하나님의 의상garment이 될 날이 올 것이다. 그때 세상의 시스템 및 이에 관련한 모든 것들은 자신들을 보호해 달라고 산들과 바위를 부를 것이다. 그러나 땅은 그것들을 보호해주지 않을 것이다.

승리하는 믿음

"예수께서 이르시되 너는 나를 본 고로 믿느냐 보지 못하고 믿는 자들은 복되도다 하시니라"요 20:29.

제자 도마는 지적으로 의심하는 자가 아니라 기질적으로 의심하는 자였다. 어떤 면에서는 도마보다 더 충성스러운 제자는 없다. 충성스럽고 진지한 성격의 소유자였던 그는 예수님께서 죽임을 당하시는 것을 보았다. 군병들이 예수님의 손과 발에 못을 박는 것도 보았다. 도마는 "내가 … 보지 않고는 믿지 아니하겠노라"요 20:25고 말한다. 지금 이 순간의 도마는 더 이상 속고 싶지 않은 마음 가운데, 그럼에도 믿고 싶은 강렬한 열망을 보여주고 있다.

보는 것은 결코 믿는 것일 수 없다. 우리는 믿음의 빛으로, 보는 것을 해석한다. 믿음은 하나님의 나타나심을 보기 전에 하나님을 확신하는 것이다. 그러므로 믿음의 속성상, 믿음은 반드시 시험을 받게 되어 있다.

"오, 그래요. 나는 하나님께서 승리하실 것으로 믿어요."

이 말은 종교적 상투어가 되었지만, 실제로 모든 상황이 내 생각과 반대로 진행될 때 이렇게 말할 수 있는 것은 믿음의 시험을 지나고 있다는 의미이다. 믿음의 시련은 우리로 하여금 하늘에 보화를 쌓게 한다. 시련이 올 때마다 보화가 함께 딸려온다. 이 땅에서의 현실의 지평선을 넘어서서 하나님께 확신을 가지라. 그러면 우리는 두려움의 중심에 숨어 있는 거짓을 발견하게 될 것이고, 우리의 믿음은 모든 구체적인 일들 가운데서 언제나 승리할 것이다.

17장 헌신에 의한 발견

"내가 금식하며 베옷을 입고 재를 덮어쓰고 주 하나님께 기도하며 간구하기를 결심하고"단 9:3.

집중하기로 결정함

"내가 … 결심하고."

우리는 영적인 진리를 지적 호기심이나 연구에 의해서가 아니고 하나님의 자비를 간청함으로 곧 기도로 분변할 수 있다. 순종으로도 영적인 진리를 분변할 수 없는 이유는 사람들이 순종을 자신의 공로로 여기기 쉽기 때문이다. 만일 하나님께 집중하지 않으면 우리는 너무나 많은 가식적인 모습을 띠게 된다. 그러나 우리의 얼굴이 오직 주 하나님을 향할 때 다른 모든 가식들은 사라진다. 종교적인 경건의 가식, 신령해 보이려는 가식 등이 우리가 주께 집중하기로 결심하는 순간 사라진다. 우리의 관심이 주님께 집중되면 우리는 자신이 다른 사람들에게 어떻게 보이는지에 대해 궁금해 할 여유가 없다. 바울의 오직 한 가지 관심은 하나님께 고정되어 있었다. 당신의 마음은 전적으로 하나님께 집중되어 있는가? 아니면 주님을 위한 봉사에 집중되어 있는가? 만일 하나님을 위한 봉사에만 신경을 쓴다면, 이는 사람들에게 잘 보이려는 가식에 사로잡혀 있다는 뜻이다.

다니엘처럼 큰 위기를 당할 때 집중하기로 결심하라. 신조나 진리의 특정 부분이나 선전으로 알리는 일보다 하나님께 집중하는 것이 중요하다. 사람은 절망하기 전까지 절대로 하나님을 의지하지 않는다. 그때까지는 여전히 자신의 상식과 주변 사람들, 곧 도움과 지원과 여러 수단들에 의지한다. 결국 처절한 상황이 되어야 주님을 의지한다시 108편. 극심한 상황 가운데 주를 의지할 때 비로소 자신의 거만함과 주님께 오기를 꺼려했던 어리석음을 깨닫게 된다.

성결의 간절함

"주 하나님께…."

믿음은 하나님이 무엇을 하실 수 있느냐에 대한 것이 아니라 내가 하나님을 인격적으로 의지하느냐 하는 것이다. 만일 하나님을 믿으면 구속에 근거하여 기도하게 되고 그러면 놀라운 일들이 발생한다. 이는 논리적이기보다 구속적이다. 이성은 말한다.

"산이 있다. 그래서 불가능하다."

이때 나는 이성과 따지며 "나는 하나님께서 제거하실 수 있음을 믿는다"라고 말하지 않는다. 심지어 산마저 보지 않는다. 단지 주 하나님께 얼굴을 향하고 기도를 드린다. 그러면 산은 더 이상 존재하지 않는다마 17:20. 이성으로 따지고 변론하며 "말도 안 돼"라고 말하는 한, 우리는 주님을 의지하지 않고 자신의 확신을 지지하는 것이다.

성결의 간절함으로 우리는 이성의 한계를 넘어서서 이성을 초월하는 세계를 의식한다. 즉, 가장 평범한 사람들과 사건 속에서 예수 그리스도를 분별하게 된다.

"예수께서 바닷가에 서셨으나 제자들이 예수신 줄 알지 못하는지라"요 21:4.

주님은 평범한 어부처럼 보였다. 그러나 요한은 예수님을 알아보았다요 21:7. 하나님께 집중하면 우리는 계시의 세계로 들어가게 되는데, 이때 예리한 발견과 깊은 깨달음을 얻게 된다. 우리가 극복할 때 생명이 주어진다. 게으름을 극복하라. 무엇보다 아는 바를 행하지 않으려는 경향을 극복하라. 그 순간 우리는 계시를 얻게 된다.

의식을 훈련함

"기도하며 간구하기를…."

우리는 기도 중에 잘못된 감정에 빠지기 쉽다. 성령이 주신 관심이 아닌 것에 기웃거리기 쉽다. 이러한 기도는 단지 감정에 이끌려 자신을 맡기는 것이다. 큰일들에 대하여도 간구하지만 모든 일에 주님과 대화를 나누는 것이 기도이다.

"너희 구할 것을 감사함으로 하나님께 아뢰라"빌 4:6.

때때로 기도 중에 뭔가를 기억하려다가 다른 사람을 꾸짖는 마음을 갖게 된다. 그러나 우리가 하나님께 집중하면 그러한 마음이 생기지 않는다. 관심을 분산시키는 감정을 내려놓고 성령께서 우리 마음에 가장 자연스럽게 알려주시는 것들을 붙들고 기도하라.

"무엇이든지 원하는 대로 구하라 그리하면 이루리라"요 15:7.

우리가 의지를 동원해서 기도하지 않으면 잘못된 감정에 따라 기도하게 된다. 바른 의지 없이 기도할 때 잘못된 감정이 생긴다. 현재 처한 상황과 주변 사람들에 대한 우리의 감정을 하나님과 연결시키는 훈련을 하라. 기도로 구할 내용은 우리가 처한 상황과 습관적인 삶에 따라 결정된다. 항상 대하는 가장 평범하고 분명한 것들에 집중하라. 기도하는 시간이 아닐 때 하나님과 동행하지 않는 사람은 하나님과 대화할 수 없다. 내 속에 나타나신 하나님의 아들과 내 삶을 통해 매일 쓰여지는 그리스도의 편지는 나로 하여금 하나님 앞에서 기도드리게 한다. 만일 하나님과 동행하지 않으면 나의 기도는 다른 사람의 표현을 빌린 말장난일 뿐이다.

"누구든지 그리스도 안에 있으면 새로운 피조물이라"고후 5:17.

모든 것이 쉽지는 않겠지만 놀랍도록 간단해진다. 우리는 하나님의 진실하심을 닮아가게 된다.

18장 잃어야 얻는다

"자기 목숨(혼)을 얻는 자는 잃을 것이요 나를 위하여 자기 목숨(혼)을 잃는 자는 얻으리라" 마 10:39.

"우리의 존재는 우리가 관심 두는 것이다"We are what we are interested in라는 말이 있다. 혼soul은 인격적인 영이 인간의 몸 안에서 이치를 따지고 생각하는 방법이다. 그림을 보거나 노래를 들을 때 혼이 들어 있다고 말하는데, 이는 그러한 수단을 통해 인격적인 영이 표현되기 때문이다. 주님께서는 "만일 네가 나의 제자가 되려면 네 혼(목숨)을 잃어야 한다"고 말씀하셨다. 즉, 자신의 논리를 버리고 다른 논리를 취하라는 것이다. 성령께서 영을 새롭게 하시면 논리는 바뀌기 시작한다. 이러한 변화가 없으면 주님의 제자가 될 수 없다. 새로운 논리 체계를 취하는 데에는 오랜 세월이 걸린다. 대부분의 그리스도인들은 열심은 있지만 영적인 사고를 하지 못하기에 영적인 사건들을 제대로 보지 못한다.

의식적인 깨달음으로 발견할 수 없는 영역

"자기 목숨(혼)을 얻는 자는…."

이 세대는 자기실현을 이룬 사람을 대단히 귀하게 여긴다. 그러나 예수님께서는 "사람 중에 높임을 받는 그것은 하나님 앞에 미움을 받는 것이니라"고 말씀하셨다눅 16:15. 우리는 예수 그리스도께서 오셔서 하신 모든 일들이 도덕적으로 타락한 사람들을 구하신 것이라고 잘못 생각하는 경향이 있다. 각 사람은 현실 속에서 자신의 삶의 타락에 대하여 책임을 져야 한다. 예수 그리스도는 '나의 도덕 및 부도덕'이 아니라 '나 자신에 대한 나의 권리'를 다루신다. 주님께서 제자도를 말씀하실 때마다 "만일"이라는 단어를 쓰셨다.

"아무든지 (만일) 나를 따라오려거든 자기를 부인하고 날마다 제 십자가를 지고 나를 좇을 것이니라"눅 9:23.

이는 운동 선수처럼 극기 훈련을 하라는 뜻이 아니라 '네 권리를 내게 양도하라'는 말씀이다. 예수 그리스도를 주와 선생으로 안다는 것은 자신에 대한 권리를 버리는 것을 의미한다. "그래요, 나는 지옥에서 구원을 받아 천국에 갈 수 있게 되어 기쁩니다"라고 말하는 것은 쉽다. 그러나 정작 나의 권리를 포기할 의사는 없다.

예수 그리스도가 없는 자들은 '자아실현'을 위대한 것으로 인식하고 자신을 개발하고자 하는 선한 열망이라고 본다. 그것을 자연적인 자아가 고상하게 보일 수 있는 길이라고 말한다. 그러나 자신을 의식하며 자아실현을 추구하는 인생은 마침내 삶의 이상을 잃는다. 이때 도덕적으로 감당할 수 없는 충격을 받게 된다. 놀랍게도 자아실현은 적그리스도의 정신일 수 있다. 자아실현은 자연적인 영역뿐 아니라 영적인 영역에서도 가능하다. 소위 '고품격 영적 생활'Higher Spiritual Life을 추구하는 대부분의 가르침은 기독교 용어로 자신의 정체를 포장한 자아실현이다. 스스로 구원을 이루려 하고 거룩하게 보여 '빼어난 자'가 되기를 원하는 자들은 그리스도인들이 아니다. 주님은 이 땅에서 자아실현이 아니라 하나님의 뜻을 실현하며 사셨다.

구별된 헌신 가운데 쓸모없는 염려들

"잃을 것이요, … 자기 목숨(혼)을 잃는 자는…."

영적인 삶의 어떤 단계가 되면, 하나님께서는 죽음의 편에서 우리를 다루신다. 그러면 우리는 우리가 가진 모든 것에 대하여 "영원토록 안 돼"라고 말하며 그것들을 영원히 포기해야 하는 것으로 알고 우울해 한다. 성경에서 희생이란 내가 가진 최고의 것을 마음을 다하여 주께 드리는 것이다. 그러면 하나님께서는 그것을 받으시고 영원토록 주님과 나의 것으로 만드신다. 그러나 만일 내가 가진 최선의 것을 붙들고 있으면 나는 그것을 잃게 되고 하나님께서도 그것을 버리신다.

아브라함이 자신의 것을 희생제물로 드린 것처럼 우리도 우리의 것을 희생제물로 드려야 한다. 하나님께서 아브라함에게 이삭을 번제로 드리라고 하셨다. 아브라함은 이 말씀을 그의 아들 이삭을 죽이라는 의미로 이해했다. 그러나 모리아 산에서 아브라함은 하나님께 대한 잘못된 인식을 깨뜨리게 되었으며 번제에 대한 바른 통찰력을 갖게 되었다. 즉, 산 제사의 의미를 깨달은 것이다롬 12:1-2.

처음에 희생 제사는 마치 모든 것을 포기해야 하는 것처럼 보인다. 기독교는 우리에게 기쁨과 평안함이 아니라 상실과 비참함을 주는 것처럼 느껴진다. 그러나 어느 날 갑자기 우리는 하나님의 목적이 우리의 영적 성장이라는 것을 깨닫게 된다. 이때 영적 성장은 순종을 통해 우리의 자연적인 것을 희생제물로 드릴 때 이루어진다. 동시에 자연적인 것은 영적인 것으로 바뀐다. 기독교는 자연적인 것을 부인하는 것이 아니라 희생하는 것이다.

기독교는 우리 안에 내주하시는 성령에 의해 예수 그리스도와 가까운 인격적 관계를 맺는 것이다. 기독교는 어떤 원칙을 추종하는 것이 아니다. 양심은 특별히 기독교인들에게만 있는 것이 아니다. 양심은 자연적인 유산으로 각자가 맞추어야 하는 사람 속에 있는 최고의 기준이다. 우리의 확신과 양심의 관계는 계속 넓혀지고 예민해져야 한다. 이 부분을 개발하는 것이 영적 훈련이다. 불평하는 자리에 서 있는 자는 밝음이나 기쁨, 다른 사람을 향한 여유가 없다. 그는 자신의 마음에 집착하는 병에 걸려 있다.

'그리스도실현'의 승승장구하는 승리

"나를 위하여 … 잃는 자는 얻으리라."

기독교의 특징은 자신을 결백하게 보이려고 의식적으로 애쓰는 것이 아니라 자신을 내려놓는 것이다. 따라서 가장 중요한 질문은, '예수 그리스도께서 그분의 뜻대로 내 안에서 행하시는가'이다. 성경에서의 기독교는 개별적이지 않고 인격적이다. 우리는 자신의 정체성을 잃지 않으면서도 하나님께 통합되어야 한다.

"우리가 하나가 된 것같이 그들로 하나가 되게 하려 함이니이다"요 17:22.

개별성은 인격적인 생명의 껍질로 합쳐질 수 없고 오직 인격성만 합쳐진다.

나는 목숨(혼)을 잃을 준비가 되어 있는가? 내가 쓸모 있는 사람인가를 끝없이 확인해야 하는 병적인 자아성찰을 버릴 준비가 되어 있는가? 이러한 상태에서는 하나님께 전혀 쓰임 받을 수 없다. 만일 예수 그리스도와 온전한 관계에 있다면 주께서 말씀하신다.

"네게로부터 생수의 강이 흘러나리라."

중요한 사람들은 일을 숭배하는 까다로운 사람들이 아니라 자신이 중요하다는 것을 의식하지 못하는 자들이다.

자신에 대한 권리를 죽여 장례를 치를 준비가 되어 있는가? 자신을 '주님을 위하여' 예수 그리스도께 내어맡길 수 있는가? 그렇다면 나는 내 혼(목숨)을 발견하게 될 것이다. 성령은 우리의 인격적인 영에 임하셔서 내 혼을 통하여 자신을 나타내신다. 이때 나의 방식은 근본적으로 바뀐다. 기존의 모든 논리가 흔들린다. 이제 나는 모든 상황과 사물을 다르게 보게 된다. 제자도의 초기 단계에서는 '풍랑'을 지난다. 그러면 당신은 고립된 개별성의 악몽을 잃어버리고 그리스도의 인격성의 일부분이 된다. 당신 자신에 대해 더 이상 신경 쓰지 않게 되고 오직 하나님과의 관계에 사로잡히게 된다.

19장 승리의 묵시

"일곱째 인을 떼실 때에 하늘이 반 시간쯤 고요하더니"계 8:1.

계시록은 하나님의 프로그램을 알리기 위한 것이지 사람들의 추측이 아니다. 이를 알고 있어야 계시록을 바르게 이해할 수 있다.

"그러므로 네가 본 것과 지금 있는 일과 장차 될 일을 기록하라"계 1:19.

사도 요한은 성령이 그에게 계시하시는 것을 기록하고 있다. 이것이 계시록의 기원이다. 묵시 문학은 이해하기가 매우 어렵다. 그 언어는 계시이든지 아니면 환상적인 허구일 것이다. 우리는 계시록을 연구하는 데 머리를 싸매지만 정확하고 온전히 그 의미를 알아내지 못한다. 그러나 순종은 우리의 이해를 돕는다. 영적 진리는 지식으로 분변하는 것이 아니라 오직 자원하는 순종에 의해 분별된다. 하나님은 기도를 수단으로 우리의 삶에 하나님의 놀라운 일들이 발생하게 하신다. 성도의 기도는 하나님의 프로그램의 한 부분이다.

기독교를 제시할 때 성경에 근거하지 않으면 실패할 수밖에 없다. 이러한 제시 중 하나는 사람의 목표는 구원 받아 천국 가는 것이다. 물론 이는 부분적으로는 맞다. 그러나 성경에서 제시하는 기독교는 예수 그리스도를 닮은 가족 공동체를 만들어내는 것으로서 각 사람은 자기를 중심으로 의식하지 않게 된다. 성령의 가장 위대한 목표는 우리가 하나님께 철저하게 드려져서 하나님 중심으로 의식하게 되는 것이다.

하나님은 하나님의 마음과 목적을 이해한 성도들의 기도를 기뻐 받으신다. 우리는 어떤 특별한 일들이 성공하기를 기도하고 많은 사람들이 구원 받기를 기도한다. 그러나 '구원 받은 영혼'에 대한 인식은 예수 그리스도와의 인격적 관계 속에서 이해되지 않고 자신들의 구원의 교리로 이해되는 경우가 있다. 또한 우리는 예수 그리스도께서 오신 목적 중 아주 작은 부분만 붙들고 거기에 매달리는 경향이 있다. 물론 주님은 영혼을 구원하기 위해 오셨다. 그러나 그뿐 아니라 '많은 아들을 영광에 들어가게' 하시기 위하여 오셨다는 사실도 알아야 한다. 이러한 주님의 총체적인 목표를 보지 못하고 우리는 언제나 "당신을 통해 구원 받은 자가 몇 명이나 되느냐"는 질문만 하고 있다. 그러나 이러한 계산은 사람이 할 수 없다. 성도로서의 성공을 이러한 기준으로 평가해서도 안 된다. 이 부분은 사람이 감당할 부분이 아니다.

하늘에서는 우리의 기도 때문에 조용한 적이 없다. 그 이유는 우리의 기도가 하나님의 프로그램과 일치되지 않을 뿐 아니라 구속에 근거한 기도도 아니기 때문이다. 우리는 예수 그리스도의 계시에 대해 관심이 없으며 오직 자신의 특별한 분야에만 관심을 쏟을 뿐이다.

성도의 기도를 통해 하나님의 거룩, 그분의 목적, 지혜로운 섭리가 온전히 이루어져야 한다. 자기 유익과 상관이 없어 보여도 하나님께 집중하여 기도할 수 있다. 이것이 기도에 관한 성경적인 개념이다. 그러나 사람들은 기도를 통하여 하나님을 축복 기계로 만들어 버렸다.

"하나님께 매달리면 성공하게 하시겠지!"

그렇지 않다. 먼저 우리는 하나님의 종이 되어야 한다. 이와 같이 잘못된 기도는 바른 기도와 상반된다. 만일 하나님을 보기를 원한다면 종교적이든 종교적이지 않든 어떤 특별한 입장에서 벗어나, 예수 그리스도가 우리의 구세주일 뿐 아니라 주요 선생이라는 계시의 영역으로 들어가야 한다.

하나님은 자신의 목적 안에서 우리를 사용하신다. 우리는 주님의 명예를 위해 충성스럽게 서 있어야 한다. "주께서 나를 멸하실지라도 나는 여전히 주님을 바라볼 것입니다"라는 마음자세를 취해야 한다. 이러한 마음자세를 가진 성도야말로 참으로 고결한 성도이다. 당신은 구속의 권위를 의지하고 기도하는가? 아니면 자신의 선입견을 바탕으로 기도하는가? 당신은 진실로 인간의 삶의 바탕이 구속이라고 믿는가? 그렇다면 논리적인 결과를 구하지 말고 하나님께서 주의 역사를 이루시기를 바라라. 그러나 주의 역사는 우리가 분명한 자세를 취할 때 나타난다.

> "너희가 서로 영광을 취하고 유일하신 하나님께로부터 오는 영광은 구하지 아니하니 어찌 나를 믿을 수 있느냐"요 5:44.

만일 이러한 자세에서 벗어나면 우리는 하나님을 볼 수 없다. 그러나 이러한 자세를 취하면 우리는 당장 하나님을 보게 된다.

성도의 기도는 하나님의 놀라우신 역사를 일으킬 수도 있고 막을 수도 있다. 하나님의 뜻이 이루어지기를 구하는 대부분의 기도들이 '하나님이 보시기에 좋은 때'를 '내게 나쁜 때'로 생각하고 드려질 때가 많다. 결과적으로 그러한 기도는 하늘을 시끄럽게 하기에, 기도의 결과도, 역사도 없다.

나의 기도는 하나님께서 무한한 관심을 가질 만한 기도인가? 구속의 바탕에 연결되어 있는 기도인가? 아니면 내가 옳으니 하나님께서 나를 축복하셔야 한다고 주장하는 기도인가?

지금 벌어지는 전쟁의 결과는 단지 국가 간의 승패가 아니다. 우리는 이 전쟁을 '왕과 조국을 위해서' 치르는 것이 아니다. 더 깊은 이유가 우리에게 있어야 한다. 우리는 우리의 조국이 하나님의 도구 및 종이 되기를 기도해야 한다.

우리는 성도로서의 바른 기도를 드리고 있는가? 아니면 하나님께서 우리가 원하는 것을 주지 않으신다고 하여 마음이 상한 채 하나님을 외면하고 있는가? '내 품위'에 사로잡혀 성도로서의 부르심을 망각하는 것은 아닌가? 모든 상황이 마치 하나님이 전혀 계시지 않는 것처럼 진행되어도, 우리는 성도로서 끝까지 주님 편에 서서 우리의 믿는 바를 향하여 자랑스럽게 견뎌야 한다.

모든 것이 잘 풀릴 때 "하나님은 사랑이시라"고 말하는 것은 쉽다. 그러나 사랑하는 이를 잃은 사람 앞에서 이 말을 하는 것은 쉽지 않다. 처절하고 비참한 상황을 보면 우리의 마음을 흔드는 고통이 생긴다. 그러나 고통을 당한 그들은 여전히 우리가 이해할 수 없는 방법으로 슬픔을 이겨내고 다시 선다. 날마다 많은 생명들이 우리 곁에서 쓰러져 죽어갈 때 우리는 기도를 통하여 얼마나 하나님께 대항하며 하늘의 고요함을 깨뜨렸는가? 구속을 근거로 하기보다 우리 마음속의 허망함을 중심으로 얼마나 많은 기도를 드렸던가? 그때 우리는 자신 및 다른 사람들을 위하기보다 오직 예수 그리스도만을 위하여 기도드렸어야 한다.

예수님만을 생각하며 드려지는 신음하는 기도들과 성령의 인도를 따라 드려지는 즉흥적인 기도들이 전혀 쓸모없어 보이겠지만, 그러한 기도들은 하나님의 프로그램의 선상에 있기에 하나님께서 다른 그 무엇보다 더 많은 관심을 갖게 되는 위대한 기도이다. 가장 천하고 아무도 알아주지 않는 성도라도 그가 예수 그리스도의 구속을 바탕으로 기도드릴 때 하나님의 완벽한 관심이 그 기도에 집중되면서 주님의 프로그램이 진행된다.

20장 새 하늘과 새 땅을 보라

"영광과 존귀로 관을 쓰신 예수를 보니"히 2:9.

　당신이 어떤 지역에 한 번도 가본 적이 없고 아는 바가 없는데 어떤 사람이 당신에게 나타나 "나도 그 지역에 가본 적이 없지만 내가 지도를 그려줄 터이니 이 지도가 당신을 잘 인도해줄 것일세"라고 말하였다고 하자. 당신이 만난 또 다른 사람이 "내가 그 지역에 직접 다녀왔다네. 나를 믿는다면 그곳까지 당신을 직접 인도하겠소"라고 말하였다고 하자. 이때 당신이 그곳에 가본 사람보다 확인되지 않은 지도를 믿는다면, 당신은 어리석은 사람이다.
　삶의 문제에 대한 해답으로서 여러 '방안들'(지도들)이 있다. 이 방안들은 모두 사람들의 추측일 뿐이다. 그러나 예수님께서는 "내가 곧 길이요"라고 말씀하셨다. 많은 사람들이 자신들이 지구를 넘어서는 초월의 세계에 대한 지도를 가지고 있다고 주장하지만 오직 예수 그리스도만이 이 땅뿐 아니라 초월의 세계에 계시는 유일한 분이시다. 따라서 주님만이 우리의 인도자가 되실 수 있다. 당신은 예수님을 신뢰하는가? 아니면 확인되지 않은 '지도'만 가지고 있는가? 이러한 지도들은 우리를 멸망의 길로 인도할 것이다. 예수 그리스도만이 친히 길을 아는 유일한 분이시다. 수없이 많은 길들이 우리를 혼돈시키지만 그 어떤 것도 예수님을 혼동시킬 수 없다.

무덤에 의한 격리로 인해 마음이 무너지는가 아니면 담담한가

"만일 땅에 있는 우리의 장막 집이 무너지면 하나님께서 지으신 집 곧 손으로 지은 것이 아니요 하늘에 있는 영원한 집이 우리에게 있는 줄 아느니라 참으로 우리가 여기 있어 탄식하며 하늘로부터 오는 우리 처소로 덧입기를 간절히 사모하노라 이렇게 입음은 우리가 벗은 자들로 발견되지 않으려 함이라 참으로 이 장막에 있는 우리가 짐진 것같이 탄식하는 것은 벗고자 함이 아니요 오히려 덧입고자 함이니 죽을 것이 생명에 삼킨 바 되게 하려 함이라"고후 5:1-4.

우리는 물리적인 세계에 갇혀 있다. 다른 혹성에서 살 수 있을지는 몰라도 지금 우리는 지구에 갇혀 있다. 오감에 갇혀 있고 이 땅에 갇혀 있다. 어떤 사람들은 이러한 갇힌 상태를 느끼며 마음을 잡지 못한다. 그러나 다른 사람들은 그 안에서 하나님의 목적을 보기 때문에 마음을 잡는다. 바울은 "이 장막에 있는 우리가 짐 진 것같이 탄식하는 것은 … 오직 덧입고자 함이니 죽을 것이 생명에게 삼킨 바 되게 하려 함이라"고 말하였다. 또한 "떠나서 그리스도와 함께 있을 욕망을 가진 이것이 더욱 좋으나 그러나 내가 육신에 거하는 것이 너희를 위하여 더 유익하리라"고 하였다빌 1:23. 바울은 다른 성도들과 함께 거하는 것을 하나님의 뜻으로 알고 기뻐하였다.

사람이 광신에 빠지면 가장 싫어하는 것이 장애물이다. 날 때부터 있는 장애물, 죽음이라는 장애물, 성으로 인한 장애물 등. 그래서 몸으로부터 벗어나고 싶어서 심령술을 사용하든지 자살을 하지만 지옥 외에는 아무 곳에도 이르지 못한다. 그러나 만일 우리가 하나님의 섭리와 예수님을 의지하는 믿음 안에서 몸으로부터 벗어나면 어두움이나 절망이 없다.

"사망이 이김의 삼킨 바 되리라 사망아 너의 이기는 것이 어디 있느냐 사망아 너의 쏘는 것이 어디 있느냐"고전 15:54-55.

죽음으로 인하여 격리되어야 할 때가 오면 사람들은 당황함 가운데 그 장애물을 밀쳐보려고 한다. 준비도 되기 전에 죽음의 영역을 보게 되면 그들의 마음은 걷잡지 못한다. 그러나 예수님을 보는 우리는 죽음 앞에서도 당황하지 않는다. 죽음 후에 대하여 예수님께서 "너희는 마음에 근심하지 말라 … 내가 너희를 위하여 처소를 예비하러 가노니"요 14:1-2라고 말씀하셨다. 당신은 당신과 관련한 모든 상황 속에서 예수님을 볼 수 있는가? 아니면 장애물을 거부하면서 '내가 다른 곳에 있었다면 얼마나 좋을까'라고 낙담하며 시간을 낭비하는가? 죽음과 관련한 문제들을 이기는 유일한 방법은, 예수님을 바라보는 것이며 그분께 헌신하는 것이다.

바깥 세상을 눈으로 보는 것은 전적으로 우리의 신경계통에 의존한다. 하나님께서 우리를 지으신 놀라운 신비 중의 하나는 우리가 외부를 본다는 사실이다. 예를 들어, 미, 색깔, 소리의 존재는 전적으로 우리의 신경계통에 의존한다. 눈이 닫혀 있다면 내게 색깔은 없다. 귀가 멀다면 소리는 없다. 잠이 들면 여러 감각이 잠든다. 모든 창조 중 가장 놀라운 것은 하늘도 아니고 달과 별들도 아니다.

"사람이 무엇이관대 주께서 저를 생각하시며 인자가 무엇이관대 주께서 저를 권고하시나이까 … 주의 손으로 만드신 것을 다스리게 하시고"시 8:4,6.

모든 창조는 사람을 위하여 지어진 것이며 하나님께서는 사람으로 하여금 땅과 하늘과 바다의 모든 것을 다스리게 하셨다. 사람이 세상을 다스리지 못하는 이유는 죄 때문이다. 그러나 언젠가는 다스리게 될 것이다롬 8:19-22. 바울은 죽음이 죄로 인해 왔음을 분명하게 설명한다. 그러나 여전히 우리의 신경 시스템은 죄와는 상관이 없으며 하나님께서 정하신 성령의 거하실 성전이다. 이에 대한 가장 확실한 증거는 예수님께서 우리와 똑같은 신경 시스템을 소유하시고 우리와 똑같이 이 땅에서 사셨다는 사실이다.

"누구든지 그리스도 안에 있으면 새로운 피조물이라"고후 5:17.

새로운 성향을 지니게 되면 우리는 모든 사건과 사물을 다르게 보기 시작한다. 광야라는 같은 상황 속에 두 사람이 있다. 사랑 안에 있던 어떤 사람은 광야에서 장미를 보지만 미움 안에 있던 다른 사람은 아무런 아름다움도 보지 못한다. 이 차이는 외부적인 것에 있지 않고 그 사람의 마음을 다스리는 성향에 있다. 어느 날 우리는 홀연히 변화될 것이다. 우리의 신경계통을 수단으로 우리가 보던 모든 것들이 갑자기 다르게 보일 것이다.

거대한 문명 구조에 의해 기가 죽는가 아니면 기가 사는가

"사랑하는 자들아 주께는 하루가 천 년 같고 천 년이 하루 같다는 이 한 가지를 잊지 말라 주의 약속은 어떤 이들이 더디다고 생각하는 것같이 더딘 것이 아니라 오직 주께서는 너희를 대하여 오래 참으사 아무도 멸망하지 아니하고 다 회개하기에 이르기를 원하시느니라 그러나 주의 날이 도둑같이 오리니 그날에는 하늘이 큰 소리로 떠나가고 물질이 뜨거운 불에 풀어지고 땅과 그중에 있는 모든 일이 드러나리로다 이 모든 것이 이렇게 풀어지리니 너희가 어떠한 사람이 되어야 마땅하냐 거룩한 행실과 경건함으로 하나님의 날이 임하기를 바라보고 간절히 사모하라 그날에 하늘이 불에 타서 풀어지고 물질이 뜨거운 불에 녹아지려니와 우리는 그의 약속대로 의가 있는 곳인 새하늘과 새땅을 바라보도다"벧후 3:8-13.

이 땅에 세워진 문명의 구조는 어마어마하다. 베드로 사도는 "이 모든 것이 이렇게 풀어지리니"라고 말하였다. 베드로는 "파괴되리니"라고 말하지 않고 "풀어지리니"라고 말하였다. 인간들이 세워놓은 것 중 하나님과 관계가 없는 것들은 다 파괴될 것이다. 그러나 우리가 보는 이 어마어마한 물리적인 우주의 구조는 빛으로 투명하게 변모될 것이다. 주님께서 변모하실 때 내부의 빛 때문에 주님의 옷이 희어져 광채가 났다고 한다. 베드로는 이 땅이 변모하게 될 것을 알려주고 있다. 그리고 거룩한 것만이 이 땅에서 살 수 있을 것이라고 말한다.

지금 우리의 몸은 제한되어 있다. 그러나 그때가 되면 우리의 몸은 변모할 것이다. 부활 후에 예수님께서는 자신을 드러내셨다. 우리도 주님의 몸과 같은 몸을 입게 될 것이다. 모든 것이 하나님과 관련될 것이고 현재의 기적 같은 일들이 그곳에서는 평범한 일들이 될 것이다. 예수 그리스도는 인자로서 하나님과의 관계를 맺고 계시기 때문에 만물의 요소를 다스리신다. 예수님 안에서 우리는 사람을 향한 하나님의 본래 계획을 본다.

"우리가 그의 약속대로 의의 거하는바 새하늘과 새땅을 바라보도다"벧후 3:13.

사도들은 하나님의 때에 임하는 세계를 바라보고 있었기 때문에 이 세상의 거대한 구조에 기죽지 않았다. 만일 당신이 예수님을 바라보지 않고 세상의 거대한 구조를 생각한다면 당신은 기가 죽었을 것이다. 문명의 삶이 지금 전쟁과 같은 도가니에 들어가면 예수님께서 말씀하신 것처럼 사람들은 어쩔 줄 몰라한다. 그러나 예수님께서는 제자들에게 말씀하셨다.

"난리와 난리 소문을 들을 때에 두려워 말라"막 13:7.

혁명은 예수님께서 주신 계시가 맞다는 것을 증명한다. 혁명을 통해 사람들은 자신들이 가진 지도가 소용없다는 사실을 발견하게 된다. 그 지도들은 사물의 근본에 닿지 못한다. 사람들이 예수 그리스도의 지시를 거절하는 한, 전쟁과 난리는 계속될 것이다. 그러나 예수님을 그들의 인도자로 모시면 그들은 모든 것들이 천천히 그러나 분명하게 "의의 거하는바 새하늘과 새땅"의 위대한 구조를 향하게 됨을 발견하게 될 것이다. 현실이 전부인 것으로 착각하지 말라. 실체의 빛, 곧 예수 그리스도의 빛 가운데서 현실을 보라.

어마어마한 사회에 의하여 비정상이 되는가 아니면 정상이 되는가

"볼지어다 내가 문 밖에 서서 두드리노니 누구든지 내 음성을 듣고 문을 열면 내가 그에게로 들어가 그와 더불어 먹고 그는 나와 더불어 먹으리라"계 3:20.
"예수께서 대답하여 이르시되 사람이 나를 사랑하면 내 말을 지키리니 내 아버지께서 그를 사랑하실 것이요 우리가 그에게 가서 거처를 그와 함께하리라"요 14:23.

우리가 균형을 잃고 비정상이 되는 이유는 아직 이루어지지 않은 꿈 때문이다. 그 꿈은 모든 인류가 서로 형제가 될 때 이루어지는 어마어마한 사회의 가장 위대한 이상이다. 이 꿈 자체가 틀린 것은 아니다. 그러나 그 꿈을 이루는 방법이 틀렸다. 만일 사람들이 예수 그리스도를 바라보지 않는다면 그들은 쉽게 균형을 잃고 한쪽으로 치우치게 된다.

성경이 말한 대로 이루어질 것을 생각해보라!

"다시 사망이 없고 애통하는 것이나 곡하는 것이나 아픈 것이 다시 있지 아니하리니" 계 21:4.

더 이상 저주가 없다.

한편 주님이 재림하셔서 새하늘과 새땅이 임하는 그때까지는 눈물과 슬픔과 한숨이 있다. 그러나 "지금 우리가 만물이 아직 저에게 복종한 것을 보지 못하나 … 오직 우리가 … 영광과 존귀로 관 쓰신 예수를" 본다히 2:8-9. 하나님께서 우리의 등을 두드려 주심으로 눈물이 씻겨지는 것은 아니다. 오직 구속의 놀라움을 통하여 하나님께서는 더 이상의 눈물과 애통을 불가능하게 만드신다. 모든 것이 하나님 자신처럼 만족스럽고 완벽하게 된다.

성경의 저자들은 어마어마한 사회를 바라보았다. 그러나 그들은 균형을 잃지 않았다. 그 이유는 그들이 구속에 서 있었기 때문이다. 미래 사회의 커다란 목표는 복지사회가 아니라 하나님의 사회가 되는 것이다.

"내 아버지께서 그를 사랑하실 것이요 우리가 그에게 가서 거처를 그와 함께하리라" 요 14:23.

하나님 나라에서의 면류관은 흰 옷을 입고 주 예수 그리스도와 함께 다니는 것으로서 자격이 있는 자들이 이 영광을 누리게 될 것이다계 3:4. 우리는 하나님의 얼굴을 볼 것이며 주님과 대화를 나누게 될 것이다.

"그의 종들이 그를 섬기며 그의 얼굴을 볼 터이요"계 22:3-4.

21장 기후를 다스리시는 하나님

"예수께서 깨어 바람을 꾸짖으시며 바다더러 이르시되 잠잠하라 고요하라 하시니 바람이 그치고 아주 잔잔하여지더라"막 4:39.

이 구절은 우리 자신의 영적인 삶의 그림이다. 전쟁과 같은 상황에서는 하나님께서 주무시는 것같이 보인다. 계속적인 침략과 파괴가 있는 상황에서 기도는 아무런 쓸모가 없어 보인다. 그러나 주께서는 우리 안에서 깨어 일어나셔서 풍랑을 잠잠하게 하시고 우리의 불신앙을 꾸짖으신다.

주님의 삶은 기후에 영향을 미치는 성품을 보이신다. 조금 이상하게 들릴지도 모르지만 성령의 입장에서 보면 이 땅에서의 풍랑과 고생과 심각한 혼동은 인간의 완고함 및 악함과 연결되어 있다. 인간의 완고함이 멈추고 하나님의 아들들이 나타나면 "피조물도 썩어짐의 종노릇 한 데서 해방되어 하나님의 자녀들의 영광의 자유에" 이르게 될 것이다롬 8:21.

성경은 하나님의 성품과 기후에 긴밀한 연관성이 있음을 알려준다. 이 연관은 근본적이다. 러스킨은 이 진리를 깊게 깨달은 유일한 작가이다. 그는 이 점에서 위대한 예언자에 가깝다. 성경의 계시에 의하면 하나님께서는 사람을 창조하실 때 먼지와 신성을 섞으셨다. 구속이 그 효력을 충만하게 드러내면 이 땅에도 그 효력이 나타날 것이다. 우리의 몸과 이 땅의 모든 것들이 죄에 의해 영향을 받았기 때문에, 우리는 땅의 먼지로 만들어졌다는 사실을 부끄러워하는 경향이 있다. 그러나 성경은 하나님의 아들이 사람의 몸을 통하여 나타나셨다는 사실을 알려줌으로써 사람이 먼지로 만들어졌다는 점에 대하여 자랑스럽게 말하고 있다.

하나님의 방법과 새벽

> "새벽 아직도 밝기 전에 예수께서 일어나 나가 한적한 곳으로 가사 거기서 기도하시더니"막 1:35.

특정한 장소와 시간에 하나님과 교제하는 것은 중요하다. 모든 시대에 걸쳐 하나님의 사람들이 새벽 일찍 일어나 기도한 것은 우연이 아니다. 영적인 삶에서 침체를 알려주는 첫째 조짐은 새벽과 관련되어 있다. 각 나라들이 인간 문명에 물들기 전에 항상 새로운 하루를 새벽과 함께 시작했다는 사실은 의미심장하다. (영국을 방문한 어떤 미국인이 이러한 중요한 말을 했다. "나를 놀라게 한 것은 사람들이 일어나는 시간이었다. 20년 전에는 모든 사람들이 새벽 일찍 일어났었는데 지금 사람들은 너무 늦게 일어난다.") 우리가 무엇인가에 간절함을 갖게 되면 일찍 일어나 하루를 시작한다.

●● 주님의 헌신

"이때에 예수께서 기도하시러 산으로 가사 밤이 새도록 하나님께 기도하시고 밝으매 그 제자들을 부르사 그중에서 열둘을 택하여 사도라 칭하셨으니"눅 6:12-13.

하나님을 만나기 가장 좋은 때는 하루 중 어떤 특정한 시간이다. 이는 우연이 아니라 하나님께서 정하신 것이다. 만일 당신이 새벽에 기도하기 시작한다면, 왜 지금까지는 그렇게 하지 못하였는지 자신의 어리석음에 대하여 탄식하게 될 것이다. 한낮의 바쁜 시간에 주님과 깊은 교제를 나누는 것은 쉽지 않다. 조지 맥도널드는 "만일 새벽에 하나님께 나의 마음의 문을 활짝 열지 못하면 나는 남은 하루동안 제한을 느끼며 산다. 제한된 것 위에 서면 잘못 살게 된다"라고 말하였다. 새벽에 주님을 만나는 것이 중요한데, 이는 감상이 아니라 분명한 사실이다. 하나님의 날이 오면 밤이 없을 것이다. 언제나 새벽과 아침이 있을 것이다. 하나님의 날이 오면 자연 세계의 신음이 사라질 것이다. 모든 것이 자유롭고 아름답게 조화를 이룰 것이다.

"다시 밤이 없겠고 등불과 햇빛이 쓸데없으니 이는 주 하나님이 그들에게 비치심이라 그들이 세세토록 왕 노릇 하리로다"계 22:5.

●● 달라진 경영

"안식일이 다 지나고 안식 후 첫날이 되려는 새벽에 막달라 마리아와 다른 마리아가 무덤을 보려고 갔더니"마 28:1.

막달라 마리아는 이 새벽이 다른 평범한 날의 새벽과 같다고 생각했다. 그러나 이 새벽은 최고의 위대한 날의 새벽이었다. 이 새벽은 막달라 마리아뿐 아니라 온 세상을 위한 새벽이었다. 주님은 그녀에게 달라진 사실을 알려주었다.

"지금까지 너는 나를 성육신하신 하나님으로 알아왔다. 그러나 지금부터는 성령을 따라 알아야 한다. 나는 네 안에 있을 것이다. 네 안에 내재하여 존재할 것이다."

하나님께서 우리를 위해 정해주신 시간을 택할 때 깊은 깨달음이 찾아온다. 구약성경을 잘 살펴보면 '처음 것'은 하나님께 바쳐진 것을 알 수 있다. 이 점이 무시될 때 선지자들은 백성들을 꾸짖었다말 3:8-9. 우리는 우리의 지성이 언제 가장 최상의 상태인지 잘 알고 있다. 만일 그 시간을 하나님께 드리지 않고 자신의 개발을 위해 사용한다면, 우리는 하나님의 것을 도적질하는 것이다. 나아가 하나님의 생명으로 우리의 삶을 풍성케 할 수 있는 기회를 놓치는 것이다. 기도하지 않으면 우리는 고생한다는 말을 하는데 사실은 그렇지 않다. 우리가 기도하지 않으면 고생하시는 분은 우리 안에 계시는 하나님의 생명이다. 우리가 기도할 때, 특히 새벽을 하나님께 드릴 때 우리 안에 계시는 하나님의 속성이 성장한다. 점점 자아실현이 줄어들고 그리스도실현이 늘어난다.

●● 주님의 지시

"날이 새어갈 때에 예수께서 바닷가에 서셨으나 제자들이 예수이신 줄 알지 못하는지라" 요 21:4.

하나님께로부터 무엇인가를 기대할 때 우리는 특별한 시간과 날들 동안 주께 매달린다. 그러나 하나님은 우리가 기대하지 않은 때 그 일들을 이루신다. 즉, 하나님은 우리가 고기잡이를 마치고 아무런 기대도 없이 비참함 가운데 돌아오는 새벽에 역사하신다. 바로 그때가 하나님께서 우리에게 지시하시는 때이다. 이는 새벽이라는 시간을 의미하는 게 아니라 예기치 못한 때 지시가 온다는 심오한 계시이다.

유혹의 광야-사탄과 하나님

"예수께서 성령의 충만함을 입어 요단 강에서 돌아오사 광야에서 사십 일 동안 성령에게 이끌리시며 마귀에게 시험을 받으시더라"
눅 4:1-2.

과거 시대의 화가나 작가들은 특별한 종류의 사람을 묘사할 때 그 사람의 분위기에 맞는 날씨나 지형을 배경으로 하였다. 예를 들어, 화가 난 사람을 묘사한다면 폭풍을 배경으로 넣었다. 단테의 「신곡」 및 밀턴의 「실락원」이 그 예이다. 성경에 의하면 외부는 내면 세계의 상징이다. 둘 사이에는 생각보다 훨씬 긴밀한 연관성이 있다. 도시이든 광야이든 우리가 처한 상황에서 최고의 유혹이 오는 때는 하나님께서 창조한 본래의 모습과 접하게 되는 때이다. 창세기에 의하면 물리적인 세계의 기초는 '혼돈'이며 인격적인 생명의 바탕은 하나님의 진노이다. 만일 내가 하나님과 조화롭게 살면 혼돈은 질서로 바뀌고 하나님의 분노는 사랑으로 바뀐다. 그러나 하나님과의 관계가 깨어지면 물리적, 영적으로 지옥에 떨어진다. 오직 성령의 내면적 증거에 의해 하나님과 바른 관계 속에 살 때 하늘은 더욱 청명하고 이 땅은 향기로운 초원이 된다.

●● 배신한 제자

"열둘 중의 하나인 가룟인이라 부르는 유다에게 사탄이 들어가니"
눅 22:3.

제자들의 삶 가운데는 유혹의 광야가 있었다. 사탄은 예수님의 제자 중 가룟인 유다를 완벽하게 사로잡았다. 예수님은 가룟 유다를 "멸망의 자식"이라고 부르셨다요 17:12. 일반적으로 사람들은 유혹을 악한 것으로 떠올린다. 즉, 악한 것에 대해서만 유혹이라고 생각한다. 그러나 유혹은 좋은 것에 대해 언제나 지름길을 택하려는 것이다. 유혹의 과정을 보면 먼저 사람의 마음에 의심이 생긴다.

"이렇게 먼 길로 가는 것이 하나님의 뜻일까?"

만일 사탄에게 속아서 지름길로 빠지면 결국 우리는 가룟 유다처럼 된다.

●● 절망한 제자

"주께서 돌이켜 베드로를 보시니 … 밖에 나가서 심히 통곡하니라"눅 22:61-62.

가룟 유다를 사로잡은 사탄은 베드로도 사로잡으려고 하였으나 성공하지 못했다. 베드로에게 '들어가지' 못하였다. 베드로는 예수님을 여러 번 부인하였으나 유혹의 광야에서 사탄에게 얻어맞은 가

롯 유다와는 달리 하나님께 얻어맞는다. 결과적으로 베드로는 통곡 속에서 절망을 체험한다. 자신의 인생 가운데 가장 비참한 심정을 토로하면서, 베드로는 자신의 즉흥적인 죄악으로 인하여 평생 자신을 용서할 수 없다고 느꼈다. 그는 여생을 비통 가운데 지낼 것이라고 여겼으나 예수님께서는 이 사건 이전에 이미 베드로에게 말씀하셨다.

"너는 돌이킨 후에 네 형제를 굳게 하라"눅 22:32.

●● 사탄의 패배

예수 그리스도는 광야에서 사탄을 만나 그를 이기셨다마 4:11. 당신이 시험을 지날 때, 즉 마음과 생각과 영이 유혹의 광야를 지날 때, 당신은 어디론가 멀리 도망가고 싶은 마음이 들 것이다. 아무도 없는 사막으로 가고 싶을 것이다. 이러한 현상은 우연이 아니다. 하나님께서 처음에 사람을 만드실 때 땅의 먼지로 만드셨기 때문이다. 사람은 언제나 모든 것의 기초 상태와 연결되어 있다. 하나님의 아들이 나타날 때 광야는 당장 변할 것이다.

"광야와 메마른 땅이 기뻐하며 사막이 백합화같이 피어 즐거워하며"사 35:1.

하나님의 장벽과 깊은 어두움

"이미 어두웠고 예수는 아직 그들에게 오시지 아니하셨더니 큰 바람이 불어 파도가 일어나더라"요 6:17-18.

우리 인생 속에서도 이러한 바람과 파도가 발생한다. 인생의 바다는 깊고 어두운데 예수님이 계시지 않는다. 바람과 파도는 인간의 가장 원초적인 경험을 묘사한 것으로서 외로움, 절망, 큰 고통, 말로 표현할 수 없는 공포와 죄악들을 뜻한다. 당신은 새벽마다 하나님과 계속 교제를 해왔을 수 있다. 유혹 속에서 예수님과 동행하였을지도 모른다. 그럼에도 불구하고 지금 당신이 느끼는 상황은 전혀 소망이 없어 보인다. 출구가 없다.

깊은 슬픔 가운데 있을 때 당신에게 도움이 되는 사람은 고통의 이유를 설명해주는 사람이 아니다. 이런 사람은 당신에게 아무 도움도 안 된다. 당신이 어려울 때 도움이 되는 사람은 당신의 마음을 이해하고 들어주는 사람이다. 자연처럼 아무 말 없이 듣기만 하는 사람이다. 자연은 사랑하는 이를 잃은 사람에게 무정하지 않다. 오히려 우리가 알아야 할 계시를 알려준다.

●● 예수님의 요청에 따라

"저희에게 이르시되 호수 저편으로 건너가자 하시매 이에 떠나"

눅 8:22.

"만일 당신이 예수님을 순종하면 당신은 기쁨과 즐거움의 삶을 살 것이다"라는 말이 있는데, 이 말은 틀린 말이다. 예수님께서 제자들에게 말씀하셨다.

"호수 저편으로 건너가자."

예수님의 요청에 순종하는 즉시 그들은 큰 풍랑을 맞게 되었다. 당신은 말한다.

"내가 예수님께 순종하였는데 이렇게 상황이 복잡하게 되다니…."

아니다. 복잡한 상황에 처하는 것이 정확하게 맞다. 하나님과 동행할 때 어려운 일이 발생할 것을 미리 고려하라. 유혹은 속삭인다.

"하나님께서 내게 거기로 가지 말라고 말씀하실 수 있으셨을 텐데. 그때 말씀하셨다면 이런 일은 발생하지 않았을 텐데."

우리는 풍랑의 상황에서 하나님의 신실하심을 믿고 나아가든지 아니면 의심을 따를 것인지 결정해야 한다. 말로 의심하는 것은 잠시 지나가는 현상일 수 있다. 그러나 실제로 의심하는 자는 주님 대신 자신을 믿었다면 풍랑의 자리에 오지 않았다고 여기는 자이다.

"나는 내 생각을 따르지 않았다. 의도적으로 예수님이 하라고 하시는 대로 믿고 따랐다. 그러나 지금 어두움과 깊음과 절망에 처하게 되었구나."

●● 예수님의 계시

"시몬 베드로가 이를 보고 예수의 무릎 아래 엎드려 이르되 주여 나를 떠나소서 나는 죄인이로소이다"눅 5:8.

예수님의 계시는 주께서 우리의 깊은 풍랑 속으로 오셔서 걸으실 때 임한다. 주님께서는 우리에게 상식으로 볼 때 우스꽝스러운 것을 하라고 요청하신다. 이때 주의 말씀에 순종하면 당장 우리는 예수님의 심판을 경험하게 된다. 이는 주님의 말씀이 아니라 주님이 누구신지를 알게 되므로 심판을 느끼는 것이다. 그래서 우리는 고백한다.

"주여 나를 떠나소서. 나는 죄인이로소이다."

사실 이 고백은 베드로가 끝까지 거부해왔던 고백이었다. 그러나 예수님을 친히 뵐 때 그는 자신의 마음 상태를 고백하였다.

●● 예수님의 꾸짖음

"예수께서 깨어 바람을 꾸짖으시며 바다더러 이르시되 잠잠하라 고요하라 하시니 바람이 그치고 아주 잔잔하여지더라 이에 제자들에게 이르시되 어찌하여 이렇게 무서워하느냐 너희가 어찌 믿음이 없느냐 하시니"막 4:39-40.

주님께서는 제자들이 마땅히 당황하고 두려워할 만한 이유가 있음에도 불구하고 그들의 두려움에 대하여 꾸짖으셨다. 만일 예수 그리스도께서 단지 나사렛의 목수인데 제자들이 그분께 배의 조정키를 드린다면, 이는 어리석은 것이다. 그러나 예수님이 하나님의 아들이시고 그들과 함께하고 계시다면 그들이 놀랄 이유가 무엇이겠는가? 예수 그리스도는 하나님이시다. 그러나 그분을 믿는 믿음은 어디에 있는가? 만일 그분을 하나님으로 믿지 않는다면 왜 어리석게 그분을 예배하는 척하는가?

> "그들이 심히 두려워하여 서로 말하되 그가 누구이기에 바람과 바다라도 순종하는가 하였더라" 막 4:41.

방금 전까지만 해도 예수님이 안 계신 것 같았는데 광풍이 제자들을 삼키려고 하자 하나님의 아들이 그 광풍 위로 걸어오신다. 영적인 삶을 살다보면 우리도 유사한 상황에 처하게 될 때가 있다. 상징이 아니라 실제 우리의 삶에서 현실적으로 닥치는 풍랑들이 있다. 하나님께서는 안일한 곳에 머무는 우리를 끄집어 내셔서 최소의 조건만 있는 곳으로 인도하신다. 거기서 우리는 인간의 불순종으로 인한 세상이 어떠한지 그 맛을 보게 된다. 그때 우리는 지금까지 하나님을 붙들고 있는 이유가 문명적인 요소 때문이지 실제로는 하나님을 믿지 않는다는 사실을 발견하게 된다. 어두움을 깊이 체험하게 되면 우리는 시인의 고백이 얼마나 멋진 고백인지를 깨닫게 된다.

"그러므로 땅이 변하든지 산이 흔들려 바다 가운데 빠지든지 바닷물이 솟아나고 뛰놀던지 그것이 넘침으로 산이 흔들릴지라도 우리는 두려워하지 아니하리로다"시 46:2-3.

당신이 신뢰하는 모든 것이 떠내려갈 때 이처럼 고백할 수 있으려면 오직 하나님만 신뢰해야 한다.

하나님의 말씀과 기초의 무너짐

"그러므로 누구든지 나의 이 말을 듣고 행하는 자는 그 집을 반석 위에 지은 지혜로운 사람 같으니 비가 내리고 창수가 나고 바람이 불어 그 집에 부딪치되 무너지지 아니하나니 이는 주추를 반석 위에 놓은 까닭이요 나의 이 말을 듣고 행하지 아니하는 자는 그 집을 모래 위에 지은 어리석은 사람 같으니 비가 내리고 창수가 나고 바람이 불어 그 집에 부딪치매 무너져 그 무너짐이 심하니라"마 7:24-27.

주님께서는 하나님의 말씀 위에 지은 집은 그 기초가 무너지지 않을 것이라고 말씀하셨다. 인간의 그 어떠한 힘도, 마귀의 힘도, 죽음과 지옥마저 하나님의 말씀을 이길 수 없다. 그러나 우리가 자신의 기초 위에 집을 세운다면 모든 뿌리까지 다 무너지는 때가 온다. 따라서 우리의 기초는 반드시 하나님께 내려져야 한다. 그러면 창수가 나고 바람이 불어도 조금도 염려할 필요가 없다.

●● 분변하는 우주적 능력

"그때에 그 환난 후 해가 어두워지며 달이 빛을 내지 아니하며 별들이 하늘에서 떨어지며 하늘에 있는 권능들이 흔들리리라 그때에 인자가 구름을 타고 큰 권능과 영광으로 오는 것을 사람들이 보리라 또 그때에 그가 천사들을 보내어 자기가 택하신 자들을 땅끝으로부터 하늘끝까지 사방에서 모으리라"막 13:24-27.

우주적인 힘들은 하나님께 속한다. 주님께서 주의 나라를 세우실 때 엄청난 변화가 발생할 것이다. 그때 인자가 오시고 큰 권능과 영광이 나타날 것이다.

"온유한 자는 복이 있나니 그들이 땅을 기업으로 받을 것임이요"마 5:5.

이 세상을 기업으로 받는 것이 아니라 땅을 기업으로 받는다. 세상은 하나님의 땅에 인간들이 세워놓은 시스템을 말한다. 성경은 모든 것들이 사라질 것을 예언하고 있다. 그것들은 풀무불로 들어갈 것이다. 시인은 자연을 하나님의 의복이라고 하였다. 이 표현은 문자 그대로 될 것이다. 우리는 하나님을 찾지 않지만 주님은 자연 속의 놀라운 권능 가운데 항상 계신다. 우리는 '구름 속'에서 주님을 분별할 수 있어야 한다. 즉, 큰 권능에 의하여 "하늘이 큰 소리로 떠나가고 체질이 뜨거운 불에 풀어질 때" 주님을 알아볼 수 있어야 한다벧후 3:10. 그 후 "우리는 그의 약속대로 의의 거하는바 새하늘과 새땅을 바라보게" 될 것이다벧후 3:13.

●● 의식하시는 위격과 신성

"그들 앞에서 변형되사 그 옷이 광채가 나며 세상에서 빨래하는 자가 그렇게 희게 할 수 없을 만큼 매우 희어졌더라"막 9:2-3.

주님께서는 자신의 영광을 버리시고 성육신하셨다. 그런데 변화산 상에서 주께서 이 세상이 계시기 전에 아버지와 함께 누리던 영광이 갑자기 나타났다. 주님의 물질적인 부분이 영광으로 감싸졌다. 그래서 하나님과 물질이 하나가 되었다. 만일 아담이 죄를 범하지 않았다면 바로 이러한 모습이 인류에게 발생하였을 것이다. 즉, 죽음을 거치지 않고 변모하게 되었을 것이다. 변모에 해당하는 부분은 부활이 아니라 '승천'이다.

●● 광범위한 임재와 지시

"그러므로 너희는 가서 모든 민족을 제자로 삼아 … 볼지어다 내가 세상 끝날까지 너희와 항상 함께 있으리라"마 28:19-20.

예수 그리스도는 우리에게 모든 상황 가운데서 주님의 영원한 실체에 우리의 믿음을 두라고 가르치신다. 만일 없어져야 하는 것들에 믿음을 두고 있다면 그것들이 사라질 때 말로 다 표현할 수 없는 당황을 겪게 될 것이다. 예수님께서 "사람들이 세상에 임할 일을 생각하고 무서워하므로 기절하리니"라고 말씀하신 것도 당연하다. 주께서 하신 이 말씀은 지금 전 세계적으로 전쟁 가운데 있는 우리에게도 해당되는 말씀이다. 사라지는 것들을 위하여 살면 안 된다. 그러나 하나님과 주의 말씀 위에 자신을 세우면, 세상의 것들이 다 사라진다고 해도 우리는 두렵지 않다.

영적으로 예수 그리스도와 인격적으로 연결되어 있는지 항상 점검해야 한다. 만일 믿음의 껍질만 있거나 어떤 신조만 믿고 있다면 근본적인 어려움이 찾아올 때 우리는 붙들 것이 없어서 믿음을 버리고 도망하게 될 것이다. 그러나 자신을 예수님의 말씀 위에 세우고 행한다면, 어떤 일이 발생하든 상관없이 스스로 반석 위에 기초를 두고 있다는 사실을 발견하게 된다.

22장 하나님의 이름으로

"그의 이름은 기묘자라, 모사라, 전능하신 하나님이라, 영존하시는 아버지라, 평강의 왕이라 할 것임이라"사 9:6.

성경에서 '이름'은 종종 '속성'을 나타낸다. 우리가 예수님의 이름으로 기도하면 주님은 그 기도에 대한 응답을 주님의 속성에 맞게 주신다. 만일 우리가 우리의 기도가 응답되지 않았다고 생각한다면, 이는 주님께서 주신 응답을 주의 속성 안에서 해석하지 않았기 때문이다.

하나님의 생각의 표현

"말씀이 육신이 되어 우리 가운데 거하시매"요 1:14.

'하나님의 생각'이라고 하면, 모호해지기 쉽다. 시인은 미풍 속에서 또는 친구의 사랑을 통하여 하나님의 음성이 임한다고 한다. 이러한 말은 듣기는 좋아도 사실이 아니다. 사람이 느낄 수 있는 아름다움이란 형태가 있어야 한다. 실현되지 않은 이상은 결국 아무런 소용이 없다. 성경 어디에도 추상을 예배하는 경우는 없다. 우리는 하나님을 전능하신 분으로 말한다. 그러나 전능하신 하나님께서 사람이 되셔서 우리의 삶을 느끼지 못하신다면 하나님은 우리에게 아무런 의미가 없다. 구속의 계시는 하나님의 생각이 예수 그리스도 안에서 표현된 것이다. 하나님께서 우리가 사는 영역으로 나타나신 것이다.

●● 하나님의 생각이 나타남

"땅이 혼돈하고 공허하며 흑암이 깊음 위에 있고 하나님의 영은 수면 위에 운행하시니라" 창 1:2.

혼돈과 공허 가운데 생각하시는 하나님은 마치 팔레트 위에서 물감을 섞는 화가와 같다. 창세기 1장 2절은 '팔레트'의 상태를 묘사한 것이다. '아무런 형태도 없는 비어 있는' 상태에서 하나님께서 질서를 창조하셨다. 하나님께서는 주의 생각을 우리가 보는 이 우주에 나타내셨다. 성경은 땅을 언제나 하나님의 것이라고 말한다. 하나님의 말씀은 그대로 드러나 표현된다.

"하나님이 가라사대 빛이 있으라 하시매 빛이 있었고"창 1:3.

그러나 우리의 언어는 우리를 제대로 표현하지 못한다.

●● 하나님의 생각과 말씀

"태초에 말씀이 계시니라 이 말씀이 하나님과 함께 계셨으니 이 말씀은 곧 하나님이시니라 그가 태초에 하나님과 함께 계셨고 만물이 그로 말미암아 지은 바 되었으니 지은 것이 하나도 그가 없이는 된 것이 없느니라"요 1:1-3.

하나님의 생각은 주께서 창조하신 이 우주에 표현되었을 뿐 아니라 '말씀'이라고 불리는 존재를 통해 표현되었다. 그 존재는 우리에게 '예수 그리스도'라는 이름으로 알려졌다. 요한은 하나님의 생각이 '말씀' 안에서 표현되었다고 선포한다. '말씀'은 인간의 생명 안에서 성육신하였다. 우리는 오직 예수님 안에서 하나님의 생각과 표현을 알 수 있다. 우리는 예수님 안에서만 '하나님이시며 사람이신 분'을 안다. 삼위일체에 관한 우리의 개념은 하나님께서 자신을 어떻게 나타내셨는가를 정의하기 위한 인간적인 생각의 시도이다.

●● 하나님의 생각의 무한한 축복

"이러므로 하나님이 그를 지극히 높여 모든 이름 위에 뛰어난 이름을 주사 하늘에 있는 자들과 땅에 있는 자들과 땅 아래에 있는 자들로 모든 무릎을 예수의 이름에 꿇게 하시고 모든 입으로 예수 그리스도를 주라 시인하여 하나님 아버지께 영광을 돌리게 하셨느니라"빌 2:9-11.

"모든 통치와 권세와 능력과 주권과 이 세상뿐 아니라 오는 세상에 일컫는 모든 이름 위에 뛰어나게 하시고"엡 1:21.

예수 그리스도는 지금도 다스릴 뿐 아니라 오는 세대에서도 다스리실 것이다. 하나님께서는 사람에게 "너는 … 해야만 한다"라고 말씀하지 않으시고 "너는 마침내 그곳에 이를 것이다"라고 말씀하신다. 우리는 바른 길로 오게 될 것이다. 그렇지 않으면 목이 부러져서라도 오게 된다. 그러나 강요에 의해서가 아니라 예수 그리스도만이 유일한 길이라는 것을 철저하게 동의함으로 오게 될 것이다. 하나님께서는 사람이 주님과 동역하도록 정하셨다. 이를 위해 하나님은 그들을 하나님의 표현된 생각 곧 예수님의 오심과 사역에 동의하는 자리까지 인도하신다.

하나님께서는 절대로 강요하지 않으신다. 하나님께서 강요하는 분이시라고 생각한다면, 이는 큰 실수를 하는 것이다. 하나님은 사람에게 그들이 원하는 대로 하도록 충분한 시간을 주신다. 각 사람과 나라에 대해 그렇게 하신다. 주님은 우리가 선택하는 대로 나아가도록 허락하신다. 그러나 결국 우리는 하나님께 동의하게 된다.

사람은 예수 그리스도를 무시한 상태로 하나님과의 참된 연합을 성취할 수 없다. 개인적으로든 국가적으로든 예수 그리스도 없이는 실패할 수밖에 없다.

하나님의 생각의 교육

"너희는 우리의 편지라"고후 3:2.

위로부터 거듭난 사람이 아니라면 당신은 하나님이 사랑이심을 증명할 수 없다. 당신 주변의 모든 상황이 반대로 증거하기 때문이다. 예를 들어, 지금 이 전쟁과 파괴를 생각해보자. 당신은 이 전쟁이 마땅한 것이며 이 전쟁을 통해 공의가 나타나고 있다고 말하겠는가? 그렇다고 말한다면 너무나 터무니없는 말이다. 이 전쟁은 분명히 비참하고 불의하다. 그러나 당신이 위로부터 나면 당신은 전쟁의 배후에서 역사하시는 '하나님의 손길'을 분별할 수 있게 된다. 이 손길을 볼 수 있으려면 당신에게 예수 그리스도의 속성이 필요하다.

주를 떠난 인간의 속성으로는 하나님의 손길을 결코 볼 수 없다. 예수님께서는 니고데모에게 "내가 네게 거듭나야 하겠다 하는 말을 기이히 여기지 말라"고 말씀하셨는데, 이는 마땅한 말씀이다요 3:7. 거듭남을 통해 내 안에 예수 그리스도의 속성이 있어야 하나님께서 하시는 일을 볼 수 있다.

●● 이름의 특성

"아들을 낳으리니 이름을 예수라 하라 이는 그가 자기 백성을 그들의 죄에서 구원할 자이심이라"마 1:21.

예수라는 이름의 특성은 '예수 그리스도는 구세주'라는 뜻이다. 내가 그분께 속해 있다는 증거는 죄로부터 구원을 받은 것이다. 만일 내가 죄로부터 구원을 받지 못하였다면 살아가기 위한 이름은 있지만 실제로는 죽은 것이다. 내가 그리스도인이 되면, 예수 그리스도는 내 안에서 그분 자신의 이름의 특성을 보여주신다.

●● 이름의 커리큘럼

"다른 이로써는 구원을 받을 수 없나니 천하 사람 중에 구원을 받을 만한 다른 이름을 우리에게 주신 일이 없음이라"행 4:12.

이 구절은 심오한 내용을 선포하고 있다. 예수의 이름 외에는 하늘 아래 구원이 없음을 가장 분명하게 확증하고 있다. 우리가 교육을 받는 이유는 이 구절을 이해하기 위함이다. 종종 우리는 방향 사인을 보지 않고 늪을 지나는 고집불통과 같다. 계속 앞으로 가지만 결국 절망에 빠지게 된다. 그러면 우리는 겸손하게 뒤로 돌아서서 방향 사인이 있는 곳으로 다시 와서 위를 본다. 그러면 어디로 가야 하는지 보인다. 하나님께서는 우리에게 화를 내지 않으시고 우리가 스스로 주님께서 하신 말씀이 옳다는 것을 깨닫기를 기다리신다.

● ● 이름의 함축성

"그러므로 내가 너희에게 알리노니 하나님의 영으로 말하는 자는 누구든지 예수를 저주할 자라 하지 아니하고 또 성령으로 아니하고는 누구든지 예수를 주시라 할 수 없느니라"고전 12:3.

예수 그리스도에 대하여 몇 가지 내용을 믿어야 한다고 말하는 것은 큰 실수를 하는 것이다. 사람은 그가 주님을 알 때까지 그분에 대해 어떤 것도 믿을 수 없기 때문이다. 그러나 주님을 알게 되면 믿음은 자연스럽게 발생한다.

당신은 앵무새에게 교리를 외우게는 할 수 있어도 구원을 줄 수는 없다. 그러나 어떤 사람이 마음속 깊은 곳에서부터 "당신은 그리스도입니다"라고 한다면, 이는 지적인 개념이 아니라 영적인 직관이다. 믿음은 인격체에게 헌신하는 것이다. 자신을 예수님께 헌신할 때 그때부터 나는 바르게 보기 시작한다. 어떤 사람은 주님을 보기 전에는 믿지 못하겠다고 말하는데, 사실 그는 주님을 보더라도 믿지 않을 것이다.

"너는 나를 본 고로 믿느냐 보지 못하고 믿는 자들은 복되도다"요 20:29.

하나님의 생각을 경험함

하나님의 생각에 연합되면 우리는 주님의 생각을 경험하게 된다. 하나님의 생각을 경험하는 것은 시간을 초월해 영원을 필요로 한다.

> "영생은 곧 유일하신 참 하나님과 그가 보내신 자 예수 그리스도를 아는 것이니이다"요 17:3.

하나님의 생각을 경험하는 자는 계속적으로 놀라움 가운데 있게 된다. 우리가 지금 지나는 훈련은 하나님의 생각을 더욱 이해할 수 있도록 하는 기간이다.

●● 이름의 책임

> "누구든지 사람 앞에서 나를 시인하면 나도 하늘에 계신 내 아버지 앞에서 그를 시인할 것이요"마 10:32.

그리스도인이라는 이름을 지닌 나의 책임은 어디에서나 예수 그리스도를 시인하고 주께 진실하게 서는 것이다. 말로 가르치는 것은 쉽지만 시인하는 것은 어렵다. '시인'이란 예수 그리스도께서 내 안에 계심을 나의 모든 것으로 표현하는 것이다. 만일 하나님의 은혜로 구원을 받았다면 그것을 실제로 보여야 한다. 즉, 모든 구체적인 일에서 그 '이름'에 충성해야 한다. 이것이 '시인한다'는 의미이다.

"이러므로 그의 열매로 그들을 알리라" 마 7:20.

●● 이름의 매력

"이기는 그에게는 내가 감추었던 만나를 주고 또 흰 돌을 줄 터인데 그 돌 위에 새 이름을 기록한 것이 있나니 받는 자 밖에는 그 이름을 알 사람이 없느니라" 계 2:17.

'그 이름'의 어떤 부분을 체험하도록 하기 위해 우리를 훈련시키는 하나님의 방법을 생각해보라. 우리는 종종 징계를 통해 예수 그리스도가 '그 길'이라는 사실을 깨닫게 된다. 또 다른 훈련을 통해 주님이 '진리'이며 '생명'이라는 사실을 알게 된다. 그러나 또 다른 위대한 이름이 기다리고 있다.

●● 이름의 공동체

"우리가 다 하나님의 아들을 믿는 것과 아는 일에 하나가 되어 온전한 사람을 이루어 그리스도의 장성한 분량이 충만한 데까지 이르리니" 엡 4:13.

우리는 그리스도의 장성한 분량까지 오직 한 가지 방법으로 자라

날 수 있다. 바로 '그 이름'을 통해서이다. 이 의미는 개인적으로 자라나는 뜻이 아니라 인류 공동체로서 자라나는 것을 뜻한다. 어느 날 인류는 하나님의 눈앞에 하나님과 온전히 하나가 된 '그리스도의 몸'으로 나타날 것이다. 예수 그리스도는 '하나님의 말씀'이며, 하나님의 생각의 표현이다. 예수 그리스도가 이 땅에서 사신 삶은 인류가 '인자'처럼 하나님과 연결될 때 어떻게 될 것인가를 보여주는 상징이다.

23장 용서의 능력

"또 네 이웃을 사랑하고 네 원수를 미워하라 하였다는 것을 너희가 들었으나 나는 너희에게 이르노니 너희 원수를 사랑하며 너희를 박해하는 자를 위하여 기도하라"마 5:43-44.

예수님께서 "너희 원수를 사랑하라"고 말씀하셨을 때 그것은 진심이셨을까? 만약 진심이었다면 그분은 정신병자였든지 아니면 그분의 말씀에는 우리 눈에는 보이지 않는 어떤 다른 뜻이 숨겨져 있다는 결론을 내리게 된다. 자신의 힘으로 주님께서 하신 말씀을 행하려는 것은 불가능하다. 우리는 즉시 주의 말씀을 행하기에 무능하며 무지하다는 것을 발견하게 된다.

예수 그리스도의 모든 가르침들은 사람이 스스로 할 수 없는 것을 하나님이 하신다는 가장 근본적인 사실을 전제로 한다. 내게 원수가 없을 때 원수를 사랑하라고 말하기는 쉽다. 그러나 내게 원수가 생길 때, 어떤 사람이 나와 내게 속한 자들에게 너무나 큰 죄악을 범할 때, 나는 그리스도인으로서 어떤 자세를 취하는가? 예수 그리스도께서는 우리 마음속에서 끓어오르는 모든 의분을 무시하라고 말씀하시는가? 혹은 감상주의자가 되어 "오, 그래요, 나는 당신을 용서합니다"라고 말해야 하는가? 우리는 옳지 않은 용서를 분별할 수 있어야 하며 올바른 화평을 깨뜨리는 용서를 허용해서는 안 된다. 만일 완벽한 공의를 근거로 하지 않은 용서라면 그 용서는 실패할 것이다. 완벽한 공의가 없을 때 잠깐의 휴전은 가능해도 진정한 화평은 불가능하다. 오래되지 않아서 그들은 다시 원수가 될 것이다.

용서의 문제-회개

"우리는 그리스도 안에서 그의 은혜의 풍성함을 따라 그의 피로 말미암아 속량 곧 죄사함을 받았느니라"엡 1:7.

용서는 복음의 최고의 메시지로, 인간의 정의감을 완벽하게 만족시킨다. 기독교의 근본 요소는 '죄악을 용서하는 것'이다. 그러나 자신이 용서를 받든 말든 거기에 관심이 없는 사람은 어떻게 해야 하는가? 이것이 우리가 다루어야 할 주제이다.

용서에 무관심한 사람들은 예수 그리스도가 살든 죽든, 무엇을 하셨든, 하나님께서 우리의 죄악을 용서하든 말든 관심이 없다. 왜 그러한가? 자신과는 상관이 없다고 생각하기 때문이다. 그러나 죄책감을 느끼게 되면(삶에는 자신의 힘으로 풀 수 없는 문제가 있다는 것을 알게 되면) 그는 하나님께서 자신을 용서하실 수 없다는 것을 안다. 만일 하나님이 자신을 용서하시면 그는 하나님이 불의하다고 느끼게 된다.

대부분의 사람들은 구속 및 용서에 대하여 아는 바가 없다. 그러나 어느 날 개인적인 문제에 얽히게 되면 의식이 깨어나고 무감각했던 껍질이 떨어져 나간다. 꽉 막힌 상황에서 그들의 의식은 더욱 예민해진다. 양심이 살아나면서 하나님께서 자신을 용서하실 수 없다는 사실을 깨닫게 되고 절망에 빠진다. 이때 그에게 필요한 것이 복음을 통한 하나님의 용서이다. 용서는 계시이고 절망한 자를 위한 소망이다. 이것이 복음의 메시지이다.

성경에 따르면 모든 것의 바탕에는 비극이 있다. 거기에서 빠져나오는 방법은 예수 그리스도께서 이루신 구속의 길을 통해서이다. 누구든지 상관없다. 가인이든 가룟 유다이든, 당신이든, 나든, 용서가 필요하다는 것을 아는 순간 예수 그리스도의 구속을 통해 하나님으로부터 완벽한 용서를 받을 수 있다. 그러나 하나님은 우리가 회개하지 않으면 용서하실 수 없다. 회개란 우리가 용서의 필요를 인식하는 것이다. 회개란 "손들고 나아갑니다. 나는 용서가 필요한 것을 압니다"라고 고백하는 것이다.

예수 그리스도는 모든 사람들을 무조건 용서하기 위하여 이 땅에 오신 것이 아니다. 주님은 자신을 대항하는 바리새인을 용서하지 않으셨다. 바리새인들은 예수님을 마귀에 들린 자라고 불렀다. 주님은 그들을 향하여 "내가 너희들을 용서하노라"고 말씀하지 않으시고 오히려 "너희가 어떻게 지옥의 판결을 피하겠느냐"고 말씀하셨다마 23:33. 우리는 용서에 관하여 많은 대화를 나누고 토론을 하지만, 정작 용서가 필요하다는 사실을 깨닫지 못하면 아무런 소용이 없다.

하나님은 용서를 원하지 않는 사람을 결코 용서하지 않으신다. 스스로 의롭고 잘난 삶을 사는 사람들은 감상적으로 용서를 말하지만 용서의 사건에 무관심하다. 오직 도덕적으로 '밑바닥을 쳐야만' 성경이 말하는 용서가 무엇인지 깨닫게 된다. 누구든지 하나님께 돌아서는 즉시 구속을 통한 용서가 그에게 완벽하게 이루어진다.

"우리는 그리스도 안에서 그의 은혜의 풍성함을 따라 …"엡 1:7.

하나님께서 우리의 죄를 용서하시는 배경은 그분의 거룩이다. 만일 하나님께서 거룩하지 않으시다면 주님의 용서는 아무런 의미가 없다. 하나님의 양심은 전 인류를 완벽하게 용서하는 것이고 마침내 온 인류를 구속하는 것이다. 모든 사람은 인간의 속성에 의하여 자연스럽게 공의가 무엇인지 알고 있다. 하나님께서는 하나님의 공의, 곧 구속을 바탕으로 용서하신다. 우리는 하나님께서 우리의 죄를 용서하실 것이라고 유창하게 말하지만, 사실 하나님이라고 하셔도 근거 없이 용서하실 수는 없다. 만일 하나님이 아무런 근거 없이 아무나 용서하신다면 그분은 더 이상 하나님이실 수 없다. 즉, 죄를 간과하시는 하나님은 있을 수 없다. 이 부분이 하나님의 사랑에 대하여 가장 많이 오해를 하는 부분이다. 일부 사람들은 말한다.

"하나님은 사랑이시니 당신을 무조건 용서하실 것이다."

그렇지 않다. 하나님의 사랑은 거룩한 사랑이시다. 따라서 하나님은 죄를 용서하실 수 없다. 그러므로 만일 하나님이 용서하시려면 주께서 용서하실 수 있는 타당한 근거가 있어야 한다.

거룩의 질서를 깨뜨리고 사람을 바르게 하지 못하는 용서는 추하고 혐오스러운 것이다. 만일 내가 용서를 받고 변화되지 않는다면, 그 용서는 내게 더 많은 피해를 끼칠 것이며 용서를 한 상대에게도 폐가 될 것이다. 사람은 용서함을 받으면서 동시에 자신을 용서하시는 하나님의 성품을 닮아야 한다.

성경에서 말하는 용서에 관한 계시는 하나님이 쓰레기더미 위에 흰 눈을 쌓는 그러한 개념이 아니다. 하나님께서는 용서받는 사람으로 하여금 용서하시는 주님의 기준에 맞도록 만드신다. 만일 내가 용서를 받아들인 다음에도 계속 같은 잘못을 행한다면 이는 나를 용서하신 하나님을 비참하게 만드는 것이다. 그래서 하나님께서는 어떤 사람을 용서하실 때 그에게 하나님의 아들의 유전을 주신다. 이 유전 없이 예수 그리스도 안에서 완전한 자로 세워질 수 있는 사람은 이 땅에 없다. 그 후 구속의 바탕 위에서 하나님의 아들로서 살아갈 것인지는 내게 달려 있다. 내 죄악이 그렇게 쉽게 용서 받을 수 있는 이유는 하나님께서 구속을 위하여 무한한 대가를 치르셨기 때문이다.

용서의 방법-반응

"우리가 우리에게 죄 지은 자를 사하여 준 것같이 우리 죄를 사하여 주시옵고 우리를 시험에 들게 하지 마시옵고 다만 악에서 구하시옵소서 나라와 권세와 영광이 아버지께 영원히 있사옵나이다 아멘 너희가 사람의 잘못을 용서하면 너희 하늘 아버지께서도 너희 잘못을 용서하시려니와 너희가 사람의 잘못을 용서하지 아니하면 너희 아버지께서도 너희 잘못을 용서하지 아니하시리라"마 6:12-15.

예수 그리스도는 제자들에게 기도를 가르치셨다.

"우리가 우리에게 죄 지은 모든 사람을 용서하오니 우리 죄도 사하여 주옵시고"눅 11:4.

주님은 그들에게 하나님의 용서의 방법이 우리의 그것과 같다는 사실을 인식시키셨다. 그분은 "우리가 우리에게 죄 지은 모든 사람을 용서하는 것처럼"이라고 말씀하셨다. 즉, 하나님의 자녀로서 살아가는 우리에게 죄사함의 효력이 나타나는 것은 하나님께서 우리에게 보이신 용서처럼 우리가 우리의 동료들을 같은 마음으로 용서할 때이다.

하나님의 용서의 방법은 우리의 그것과 정확하게 같다. 그 방법은 우리 인간의 정의감을 만족시킨다.

베드로는 어떻게 해서라도 하나님의 용서를 이루어 보려고 애썼다.

"주여 형제가 내게 죄를 범하면 몇 번이나 용서하여 주리이까 일곱 번까지 하오리이까 예수께서 이르시되 네게 이르노니 일곱 번뿐 아니라 일곱 번을 일흔 번까지라도 할지니라"마 18:21-22.

예수님의 가르침에 의하면 어떤 사람이 의도적으로 당신에게 죄악을 범하였을 때 당신은 그가 회개하기 전에는 그를 용서해서는 안 된다. 그러나 그가 돌아서면 나의 용서는 완전해야 한다. 사람들은 가벼운 상처에 대하여 쉽게 용서한다. 그러나 크게 상처를 받았을 경우 자신의 정의감이 만족되기까지는 용서하지 못한다.

모든 것을 잊으시는 하나님의 용서는 정말로 놀랍다. 사람은 절대로 이렇게 할 수 없다. 하나님이 잊으시는 것은 신성한 속성이다. 아무튼 하나님의 용서는 잊는 자리까지 간다. 우리는 하나님의 주권적 은혜 없이는 절대로 잊을 수 없다. 하나님께서는 하나님의 용서가 무엇을 의미하는지 알려주시기 위해 은유를 사용하신다.

"나 곧 나는 나를 위하여 네 허물을 도말하는 자니 네 죄를 기억하지 아니하리라"사 43:25.

"내가 네 허물을 빽빽한 구름같이 네 죄를 안개같이 없이하였으니 너는 내게로 돌아오라"사 44:22.

"동이 서에서 먼 것같이 우리 죄과를 우리에게서 멀리 옮기셨으며"시 103:12.

"내 모든 죄를 주의 등 뒤에 던지셨나이다"사 38:17.

"내가 그들의 악행을 사하고 다시는 그 죄를 기억하지 아니하리라"렘 31:34.

탕자가 돌아올 때 이러한 말을 했다.

"내가 하늘과 아버지께 죄를 지었사오니 지금부터는 아버지의 아들이라 일컬음을 감당하지 못하겠나이다"눅 15:21.

이 말은 "내가 행한 것에 대하여 뼈가 아프도록 죄송합니다. 나 자신이 부끄럽습니다"라는 의미이다.

이때 아버지는 아들이 멀리 떠난 사건, 기생, 방탕에 대하여 아무 말씀도 하지 않으셨다(형은 그에게 이 모든 것을 기억나게 만들지만…). 아버지는 작은아들에게 그가 행한 어떤 죄악도 언급하지 않으신다. 아들이 돌아온 것만으로 충분했던 것이다. 당신은 우리가 행한 모든 죄악에 대하여 하나님께서 다 잊으신다는 사실을 인식하는가? 주님은 그렇게 하겠다고 말씀하신다. 그럼에도 불구하고 우리가 돌아서지 않는다면 하나님의 용서는 이루어질 수 없다. 인간의 정의감이 이를 허락할 수 없는 것처럼, 하나님의 용서도 그러하다. 그러나 우리가 하나님께 돌아서서 잘못했다고 말할 때, 우리는 예수 그리스도께서 약속하신 대로 용서함을 받게 될 것이다. 그러나 용서는 우리가 회개하지 않으면 허락될 수 없다. 회개란 용서가 필요함을 인정하는 증거이다.

용서의 메시지-앙갚음인가 응보인가

"네 형제가 죄를 범하거든 가서 너와 그 사람과만 상대하여 권고하라 만일 들으면 네가 네 형제를 얻은 것이요 만일 듣지 않거든 한두 사람을 데리고 가서 두세 증인의 입으로 말마다 확증하게 하라 만일 그들의 말도 듣지 않거든 교회에 말하고 교회의 말도 듣지 않거든 이방인과 세리와 같이 여기라"마 18:15-17.

"주인이 노하여 그 빚을 다 갚도록 그를 옥졸들에게 넘기니라 너희가 각각 마음으로부터 형제를 용서하지 아니하면 나의 하늘 아버지께서도 너희에게 이와 같이 하시리라"마 18:34-35.

잘못했다는 말을 하지 않는 사람을 용서하는 것은 불의하다. 만일 어떤 사람이 당신에게 죄를 범하였다면 당신은 그 사람에게 가서 그의 잘못을 지적해야 한다. 만일 그가 당신의 말을 들으면 당신은 그를 용서할 수 있다. 그러나 만일 그가 완고하다면 당신은 용서에 관한 한 아무것도 할 수 없다. 이때 당신은 "나는 당신을 용서합니다"라고 말해서는 안 되고 그 사람을 불의한 사람이라고 느껴야 한다. 예수 그리스도께서는 "너희 원수를 사랑하라"고 하셨다눅 6:27. 그러나 주님은 이런 엄중한 말씀도 하셨다.

"너희 아버지께서도 너희 과실을 용서하지 아니하시리라"마 6:15.

원수들이 원수의 행위를 멈추고 회개를 통하여 잘못했다는 마음을 보여주지 않으면 우리는 원수를 용서할 수 없고 여전히 공의를 구하는 자리에 있어야 한다. 우리는 하나님의 공의를 꾸준하게 구하는 자세를 가져야 한다. 우리는 종종 쉽게 이렇게 말한다.

"그래, 중요하지 않으니 내가 너를 용서하마."

그러나 예수님은 가장 작은 것까지라도 다 갚아야 한다고 말씀하신다. 하나님의 사랑은 공의와 거룩에 뿌리를 내리고 있다. 우리도 그와 같은 뿌리에 서서 용서해야 한다.

앙갚음과 응보는 다른 것이다. 삶의 기본은 응보이다.

"비판하지 말라 그리하면 너희가 비판을 받지 않을 것이요 너희가 헤아리는 그 헤아림으로 너희도 헤아림을 도로 받을 것이니라"눅 6:37-38.

주님의 이 말씀은 우연한 추측이 아니다. 이는 영원한 법이며 하나님의 보좌로부터 정확하게 이루어지는 원리이다. 삶은 당신이 뿌린 대로 거두게 되어 있다. 당신이 동일한 대상에게 뿌린 대로 거두게 되는 것은 아니지만 악과 선의 뿌리고 거두는 원칙은 정확하다. 만일 자비가 많은 사람이라면 당신은 누군가로부터 자비를 받게 될 것이다. 만일 다른 사람들의 허물을 찾아 비판하기를 좋아하는 사람이라면 사람들도 당신을 마찬가지로 비판할 것이다.

예수 그리스도는 절대로 보복을 허락하지 않으셨다. 그러나 삶의 원리는 '응보'라고 말씀하셨다. 만일 내 원수가 돌아와서 나에게 잘못했다고 인정하면 나는 그에게 보복해서는 안 된다. 기독교는 어떤 원칙들을 나열한 것이 아니다. 기독교는 인격체이신 예수 그리스도와의 관계이다. 한편 성령은 우리로 하여금 하나님께서 우리를 용서하신 사실을 바탕으로 모든 상황에 자발적인 관계를 맺게 하신다.

기독교의 가장 뚜렷한 특징은 나 자신의 성결이나 거룩이 아니라 바로 용서이다. 구속을 통하여 하나님께서 이루신 가장 위대한 기적은 용서이다. 용서는 사람이 죄로부터 구원 받고 천국을 들어가는 것만 의미하지 않는다. 천국에 들어가기 위해서만 용서를 말한다면, 그 누구도 이러한 차원의 용서를 용납하지 못할 것이다. 용서는 죄성으로부터의 구원이며 구속자에게 나아가 주님의 형상까지 자라나는 것이다. 즉, 나는 그리스도 안에서 하나님과 일치가 되는 새로운 관계를 향하여 용서 받은 것이다. 따라서 용서 받은 사람은 거룩한 사람이다. 인생의 바탕은 구속이다. 시간과 영원의 차원에서, 예수 그리스도께서 십자가 상에서 이루신 것보다 더 확실한 것은 없다. 주님은 모든 인류가 다시 하나님과 바른 관계를 맺도록 하셨다. 나중이 아니라 지금 당장.

용서는 은혜의 기적이다. 인간이 용서한다는 것은 불가능하다. 우리가 이 사실을 알지 못하는 이유는 용서의 계시를 모르고 있기 때문이다. 하나님의 위대한 특징은 우리가 행한 일에 더 이상 관심을 쏟지 않으시는 것이 아니라 우리를 용서하신다는 점이다. 하나님께서는 우리를 용서하심으로 우리의 과거, 현재, 미래를 다루신다. 당신은 하나님께서 당신의 '과거'를 다루셔서 과거의 죄악들이 전혀 발생하지 않았던 것처럼 만드실 수 있다고 믿는가?

구속을 수단으로 하나님은 사람의 과거를 두 가지 방법으로 다루신다. 첫째는 용서하시는 것이요, 둘째는 미래를 위한 멋진 문화로 과거를 바꾸어 주시는 것이다. "더 이상 죄를 범치 말라"고 말씀하실 때, 주님은 우리에게 더 이상 죄를 짓지 않을 수 있는 능력을 주신다. 그 능력은 예수 그리스도께서 십자가 상에서 이루신 권리에 의해 온다. 이것이 말로 다 표현할 수 없는 하나님의 용서의 경이로움이다. 하나님과 바른 관계를 맺게 되면 하나님께서 우리에게 행하심같이 우리도 다른 동료들에게 행하게 된다.

"서로 인자하게 하며 불쌍히 여기며 서로 용서하기를 하나님이 그리스도 안에서 너희를 용서하심과 같이 하라"엡 4:32.

24장 하나님이 부르실 때

"웃시야 왕이 죽던 해에 내가 본즉 주께서 높이 들린 보좌에 앉으셨는데 그의 옷자락은 성전에 가득하였고 스랍들이 모시고 섰는데 각기 여섯 날개가 있어 그 둘로는 자기의 얼굴을 가리었고 그 둘로는 자기의 발을 가리었고 그 둘로는 날며 서로 불러 이르되 거룩하다 거룩하다 거룩하다 만군의 여호와여 그의 영광이 온 땅에 충만하도다 하더라 이같이 화답하는 자의 소리로 말미암아 문지방의 터가 요동하며 성전에 연기가 충만한지라"사 6:1-4.

하나님의 부르심을 정의하는 것은 어렵다. 하나님의 부르심은 마치 바다나 산의 부름처럼 암시적이다. 모든 사람이 바다나 산의 부름을 듣는 것은 아니다. 오직 자신 안에 산과 바다의 속성이 있는 사람만 산과 바다의 부름을 들을 수 있다. 마찬가지로 자신 안에 하나님의 속성이 없는 사람은 자신을 부르시는 하나님의 음성을 들을 수 없다.

하나님께서 이사야를 부르지 않으셨다는 사실이 중요하다. 하나님께서 어떤 사람을 특별한 사역으로 부르시는 때가 있다. 그러나 이사야의 경우는 하나님께서 그를 특별히 부르지 않으셨다.

"내가 또 주의 목소리를 들으니 주께서 이르시되 내가 누구를 보내며 누가 우리를 위하여 갈꼬 하시니 그때에 내가 이르되 내가 여기 있나이다 나를 보내소서"사 6:8.

이사야는 영적 집중 및 헌신을 통해 하나님의 음성을 들을 수 있는 영적 전방으로 이끌려 왔다. 우리는 들을 수 있는 귀를 훈련할 필요가 있다. 사람들 중에는 하나님의 부르심을 듣는 사람도 있지만 아무것도 듣지 못하는 사람도 있다. 이는 사람의 외적인 면이 아니라 내적인 면에 달려 있다.

"웃시야 왕이 죽던 해에 내가 본즉 주께서 높이 들린 보좌에 앉으셨는데"사 6:1.

내게는 위의 구절이 "일차 세계 대전의 해에 내가 주를 본즉"으로 적용될 것이다. 주님을 보는 때는 사람의 관점에 따라 다르다. 우리는 '주를 만나기' 전에 위기를 겪게 된다. 그러면 우리 내면의 깊은 세계가 열리고 삶이 심오하게 바뀌게 된다. 히스기야 왕이 죽음을 직면하게 되었을 때, 그는 "내 영혼의 고통으로 말미암아 내가 종신토록 방황하리이다"라고 말하였다사 38:15.

죽음을 직면한 사람에게는 언제나 변화가 있다. 죽음이라는 최고의 위기 앞에서 사람들은 자신의 가장 진실한 요소들을 드러낸다. 지금 이 전쟁은 셀 수 없이 많은 사람들에게 위기를 가져오고 있다. 이 위기로 인하여 사람마다 관점이 바뀌고 있다. 위기를 지나면서 사람들은 하나님을 놓칠까봐 두려워하지만 오히려 처음으로 하나님을 보기 시작한다. 자신이 생각했던 것보다 훨씬 더 위대하고 엄청난 하나님을 발견하게 된다.

부르심의 포괄성

하나님의 부르심에 대한 첫인상은 '전인'the whole man을 향한 부르심이다. 즉, 사람의 어떤 한 부분만을 부르지 않는다는 것이다. 우리 대부분은 부분적으로만 경건하고 부분적으로만 영적이다. 우리가 하나님의 부르심에 온전하게 되려면 오랜 세월이 걸린다. 우리는 특별한 날에만 종교적인 분위기를 느낀다. 그러나 하나님과 교제하게 되면 우리의 특정 부분이 아니라 모든 부분이 실체를 접하게 된다. 주님의 삶은 한덩어리의 실체였다. 그 누구도 주님의 삶을 둘로 나눌 수 없었다. 삶의 한 면은 가볍고 다른 면은 심오한 그러한 삶이 아니었다. 하나님을 향한 나의 의식은 모든 삶에 영향을 미친다. 내가 주님을 진정으로 만난다면 그분은 내 모든 삶의 영역에서 하나님이 되신다. 만일 주님이 내 삶의 특정 부분에서만 하나님이시라면, 그분은 내게 전혀 하나님이 아니시다.

부정함을 의식함

"그때에 내가 말하되 화로다 나여 망하게 되었도다 나는 입술이 부정한 사람이요 나는 입술이 부정한 백성 중에 거주하면서 만군의 여호와이신 왕을 뵈었음이로다"사 6:5.

이사야의 고백은 죄의 고백이 아니다. 단지 자신이 너무 더럽다는 느낌을 말한 것이다. 시편의 시인은 스스로 "주 앞에 짐승"이라고 고백한다. 이 말은 자신이 얼마나 부적격한 존재인가를 뜻한다. 내가 주님을 뵈었지만 어떻게 나 같은 존재가 주님의 그 엄청난 거룩하심 앞으로 나아갈 수 있겠는가 하는 것이다. 누구든지 죄로부터 구원받기 위해서는 하나님께 나아가야 한다. 그러나 혐오스럽게 느껴지는 자신의 죄성을 해결하는 것은 또 다른 문제이다. 이 문제를 해결하려면 훈련과 인내와 집중이 필요하다. 당신은 자신이 부정하다는 것을 인정하는가? 그렇게 느낀다면 당신은 이사야가 처했던 그 상황에 서서히 들어가고 있는 것이다. 이사야가 하나님과 바른 관계를 맺게 된 것은 바로 자신의 부정에 대한 인식이었다. 그 인식은 밝은 빛을 비추는 순간이 되었다.

자신이 선하다는 인식을 가진 사람은 절대로 하나님과 교제할 수 없다. 그러나 자신은 자격이 되지 않는다는 인식을 가진 자는 하나님과의 교제가 가능하다. "화로다! 내가 망하게 되었도다"라는 인식이 당장 그를 하나님 앞으로 인도한다. 즉, 자신의 부족함을 알 때, 스스로 하나님을 붙들 수 없다는 것을 알 때, 자신이 원하는 거룩한 존재가 될 수 없다는 것을 알 때, 비로소 왜 예수 그리스도께서 이 땅에 오셔야만 했는지를 깨닫기 시작한다. 주께서는 우리에게 정말로 부족한 것을 공급하기 위하여 오셨다.

예수 그리스도를 위하여 마음을 비운 사람의 삶에는 장애가 있을 수 없다. 과거와 현재, 심지어 성격마저 이러한 사람의 길을 막을 수 없다. 자신의 궁핍을 깨닫는 사람, 즉 "나는 거룩할 수 없다. 내 마음은 청결할 수 없다. 나는 하늘 아버지의 자녀가 될 수 없으며 배은망덕하고 악한 자들에게 친절할 수 없다. 나는 내 원수를 사랑할 수 없다"고 인식하는 사람에게 예수님은 친히 이 모든 것을 하실 수 있다고 주장하신다. 이제 모든 것이 그 사람에게 달려 있다. 스스로 할 수 없다는 것을 얼마나 깨닫느냐에 따라 주를 의지하는 깊이가 달라진다.

부탁의 특성

이사야는 주님을 본 후에 자신을 보았다. 그때 그는 하나님께서

"내가 누구를 보내며 누가 우리를 위하여 갈꼬"라고 말씀하시는 것을 들었다. 이때 이사야가 대답한다.

"내가 여기 있나이다. 나를 보내소서."

그러자 하나님께서는 그에게 전달하기 곤란한 메시지를 주셨다.

> "여호와께서 이르시되 가서 이 백성에게 이르기를 너희가 듣기는 들어도 깨닫지 못할 것이요 보기는 보아도 알지 못하리라 하여 이 백성의 마음을 둔하게 하며 그들의 귀가 막히고 그들의 눈이 감기게 하라 염려하건대 그들이 눈으로 보고 귀로 듣고 마음으로 깨닫고 다시 돌아와 고침을 받을까 하노라"사 6:9-10.

위 구절은 사람들이 돌이키지 않으면 진리가 그들을 더욱 정죄할 것이라는 말씀이다. 그럼에도 불구하고 이사야는 그 진리를 외쳐야 한다는 것이다.

하나님의 약속뿐 아니라 정죄하심도 조건적이다. 우리의 잘못된 성향이 제거되지 않고 그대로 있는 한, 하나님의 모든 진리는 우리를 더욱 강퍅하게 할 것이고 심판을 받기 위해 더욱 무르익게 할 것이다.

이사야는 갑자기 섬광을 보았다. 무서울 정도로 너무나 분명하게 자신과 백성들의 죄악을 보게 되었다. 현 시대는 이러한 의식이 거의 없다. 그래서 사람들은 영적으로 겉돈다. 즉, 사람마다 진정한 회개를 하는 대신에 사회를 범인으로 만들고 사회에게 회개하라고 한다. 다른 사람을 위하여 중보기도를 하기보다 복수심과 앙심으로 가득 차 있다. 그러나 성도들이 하나님을 보게 되면 그들은 겸손한 마음으로 중보기도를 하게 될 것이다. 회개는 각 개인의 죄뿐 아니라 사회의 죄를 위해서도 필요하다. 최근의 사회적인 회개는 성경과 거리가 멀다. 하나님의 영광을 위한 회개가 아니라 사람들의 아픔과 고통을 달래기 위한 회개이다. 이러한 회개는 진정한 회개가 아니다. 성경 전반에 걸쳐 국가적인 회개 및 사회적인 성결 사상이 흐르고 있다. 그 사상은 거룩한 도시를 이루는 절정에 닿는다.

25장 영적 착각에서 벗어나라

환상을 잃음과 실망의 도가니

"그런즉 누구든지 사람을 자랑하지 말라 만물이 다 너희 것임이라" 고전 3:21.

자연적인 영역에서 황홀함에 빠지는 경우는 노래나 박자 등에 의하여 혼이 빠질 때이다. 영적 황홀함은 뜨거운 기독교 봉사, 인기 있는 모임, 모임의 열광 등이 파장되면서 나타난다. 이러한 것들은 사람들을 잘못된 방향으로 이끈다. 예수 그리스도의 인격 대신에 구원이나 거룩, 초자연적 치유 등에 사로잡히면 착각에 빠지게 된다. 사람들은 믿음을 구원의 공식에 연결시켜서 멋지게 표현한 후 긍지를 느낀다. 그러나 어느덧 공식이 들어맞지 않는 것을 발견하게 되면 자신의 착각에서 벗어난다. 공식은 옳게 들린다. 그러나 예수 그리스도를 닮은 가족을 만들어내는 열매가 없다. 따라서 진심으로 하나님이 원하시는 사람이 되기를 바란다면 아무런 열매가 없는 자신의 신앙 생활을 보면서 놀라게 된다.

오늘날 많은 사람들이 광야에 처박힌 후에야 자신의 착각에서 벗어나고 있다. 이제 종교에 대한 관심은 사라지고 과거처럼 기쁜 일과 신나는 일도 없다. 그들은 자신들의 종교 생활이 진심이 아니었음을 알고 이제 영적인 냉소자가 된다. 이러한 사람들은 다른 사람들에게 진실하지 못하고 마음을 열지 않는다. 그 이유는 지금까지 실체를 위해 살아오기보다 일에 대한 매혹 및 사람들과의 관계에 의지하며 살아왔기 때문이다. 그렇게 살아오는 동안 그들은 교만하였고 자신과 함께하지 않는 자들을 멸시하였다.

바울은 쉬지 않고 "사람을 자랑하지 말라"고 경고한다. 만일 당신이 자신의 영적인 성품에 실망하거나 아직 당신에게 예수 그리스도를 닮아가는 흔적이 없다면 그 이유는 당신의 내면에 실체가 없기 때문이다. 실망의 도가니에 빠질 때 완전히 반대 방향으로 극단적으로 나아가는 것을 주의하라. 실망은 자기사랑으로 인해 발생한 무너진 마음이며 하나님의 능력에 대한 오해이다.

우리는 검거나 희지 않은 것들에 대해 조급하다. 분별하기 쉽지 않은 것에 대해 힘들어 하고 귀찮아 한다. 우리는 수천 수만의 동기를 가질 수 있다. 그러나 그 동기 중 가장 바른 동기를 끄집어 내시는 분은 우리를 창조한 주님이시다. 단 한 번도 신앙의 열정의 기간을 지난 적이 없다면, 이는 당신이 실체를 얻기 위해 다른 것을 포기한 적이 없다는 의미이다. 하나님과 함께하는 삶을 개발하기 위해서는 한동안 필수적으로 불구의 기간을 지난다마 5:29-30.

정욕으로부터 멀어짐

"만물이 그에게서 창조되되 하늘과 땅에서 보이는 것들과 보이지 않는 것들과 혹은 왕권들이나 주권들이나 통치자들이나 권세들이나 만물이 다 그로 말미암고 그를 위하여 창조되었고 또한 그가 만물보다 먼저 계시고 만물이 그 안에 함께 섰느니라"골 1:16-17.

우리의 자연적인 생명은 보이는 것을 향해 강렬한 욕구를 보이는데, 이것이 정욕이다. 정욕은 결과가 어떻게 되든 상관없이 지금 당장 그것을 소유하겠다는 것이다. 우리는 보이는 것을 향하는 마음을 멀리하고 대신 창조주와 살아 있는 관계를 맺어야 한다.

만일 피조물에 마음이 사로잡혀 예수 그리스도를 잊으면 나는 결국에는 실망하게 될 것이고 착각에 빠졌던 자신을 발견하게 될 것이다. 만일 자아실현의 종이 되면 성령의 전인 내 몸을 더럽히게 된다. 혹시 자아실현이 도덕적이고 올바른 것일 수는 있어도 이것은 내가 인생의 주인 행세를 하는 것이다. 예수님께서는 "네 자신에 대한 너의 권리를 내게 양도하라"고 말씀하신다. "그리하면 내가 네 안에서 내 자신을 실현하겠다"고 말씀하신다. 주님은 우리의 욕망을 잠재우시고 우리의 마음을 세상으로부터 멀어지게 하신다. 그러면 우리는 더욱 주님을 알게 된다. 이런 식으로 하나님은 우리의 삶을 풍성한 삶으로 인도하신다.

아쉽게도 대부분의 사람들은 하나님께서 백 배의 열매를 주실 수 있는 자리에 서 있지 않다. 하나님께서는 우리에게 아름다운 새들로 가득 찬 푸른 삼림을 주기를 원하시는데, 우리는 "내 손에 겨우 참새 한 마리 밖에 없다"고 말한다! 우리는 먼저 물질로부터 마음이 멀어질 필요가 있다. 그 후 다시 바른 관계 속에서 물질을 대해야 한다. 영적 성장에서 소유 의식은 방해물이다. 소유욕 때문에 참으로 많은 사람들이 예수 그리스도와의 참된 교제를 갖지 못한다.

우리의 마음이 물질로부터 멀어질 때 정욕은 서서히 타서 없어진다. 물질로부터 마음을 멀리하라는 말이 금욕주의나 외부와의 격리를 의미하지는 않는다. 오히려 바울은 금욕주의를 가르치는 자들을 멀리하라고 했다.

"혼인을 금하고 어떤 음식물은 먹지 말라고 할 터이나"딤전 4:3.

세상을 멀리한다는 것은 금욕적인 차원이 아니라 하나님과의 완벽한 교제를 위해서 우리의 마음을 주께로만 향하겠다는 의미이다. 주님의 외적인 삶은 매우 사회적이어서 당시에 외적인 면에서 자신을 분리시켰던 사람들바리새인들은 예수님에 관하여 "먹기를 탐하고 포도주를 즐기는 사람"이라고 말할 정도였다눅 7:34.

반면에 바리새인들은 외적으로는 세상과 분리하였지만 마음은 세상적인 것으로 가득 차 있었다. 예수 그리스도는 그분의 성향을 세상으로부터 따로 구별하시되 외적으로는 오히려 구별이 없으셨다. 오늘날 소위 영적이라는 사람들은 절망스러울 정도로 하나님의 목적을 보지 못한다. 성령은 언제나 우리의 마음을 세상으로부터 구별시켜 하나님과 참된 교제를 갖도록 애쓰신다. 하나님은 우리에게 내면의 순교를 가르치시지만 우리는 그러한 가르침을 원하지 않을 뿐 아니라 영적으로 교육 받는 것마저 싫증을 낸다.

하나님의 얼굴에 헌신함

"예수를 바라보자"히 12:2.

하나님의 얼굴을 보기 원한다면 다른 모든 것을 멀리하고 하나님께 집중해야 한다. 내면의 생명이 예수 그리스도께 사로잡히면 한동안 일반적인 것에 마음이 쓰이지 않는다. 금식이란 음식만 멀리하는 개념이 아니라 오른손을 잘라내고 오른 눈을 뽑아내는 것을 의미한다. 그러나 그것도 하나의 과정일 뿐이다. 우리가 놓치지 말고 바라보아야 하는 것은 예수님께서 말씀하신 '완전'이다.

"그러므로 하늘에 계신 너희 아버지의 온전(완전)하심과 같이 너희도 온전(완전)하라" 마 5:48.

완전한 자리까지 가려면 우리는 가장 먼 길로 가야 한다. 우리의 목적지는 모든 구체적인 면에서 하나님과의 완전하고 완성된 관계를 맺는 것이다. 이렇게 되려면 우리는 우리의 허망을 버려야 하는 도가니를 지나야 한다. 이 도가니는 대단히 뜨겁다.

사람이 겪는 가장 잔인한 체험은 사람에게 실망하는 것이다. 사람이 가장 배우기 어려운 교훈은 사람으로부터 영광을 구하지 않는 것이다. 예수 그리스도는 사람이 줄 수 없는 것을 사람에게 기대하지 않으셨다. 결과적으로 주님은 실망이나 앙심이나 냉소적인 자세를 갖지 않으셨다.

우리의 인간 관계가 하나님께 뿌리를 내리고 있지 않으면 그 관계는 지나친 허탈감으로 고통스럽다. 그 이유는 그 어떤 사람도 참된 만족을 줄 수 없는데 사람에게서 참된 만족을 구했기 때문이다. 다른 사람으로부터 그러한 만족을 구했다가 얻지 못하면 우리는 실망하게 되며 잔인하게 되고 원한을 품게 된다. 그러나 우리가 예수 그리스도와 바른 관계를 맺고 있다면 가장 깊은 심연이 만족되기 때문에 사람 사이의 사랑도 승화된다. 그러나 하나님과의 관계가 깊지 않으면 다른 사람과의 관계도 얼마 안 가서 비참하게 된다. 하나님과의 관계가 온전할 때만 사람들 사이의 사랑도 놀랍도록 만족스럽게 될 수 있다.

기독교는 일에 헌신하는 것도 아니요, 어떤 명목이나 교훈에 헌신하는 것도 아니다. 오직 인격체이신 주 예수 그리스도께 헌신하는 것이다.

성령의 독자적인 역사에 의해 우리가 자발적으로 주님과 인격적인 관계를 맺음으로써 우리 안에는 언제나 완벽한 기쁨과 즐거움이 넘친다. 우리는 사도 바울에게서 자기연민을 발견할 수 없다. 사람들은 그를 굶주리게 하거나 감옥에 쳐넣을 수는 있었어도 하나님을 향한 확신과 말로 표현 못할 기쁨을 빼앗을 수 없었다. 그러나 우리의 경우는 뜨거운 바람 한 방에 쓰러진다!

바울에게는 예수 그리스도 외에는 아무것도 심각한 것이 없었다. 이것이 주님께서 말씀하신 산상수훈의 핵심이다.

"나와의 관계 외에 다른 어떤 것도 염려하지 않도록 주의하라."

우리는 주님과의 관계 외에 다른 모든 것들에 신경 쓰느라 정신이 없다. 우리의 영적 기쁨은 예수 그리스도를 더욱 알아가고 있는지, 우리가 알고 있는 바를 삶 속에서 실제로 실천하고 있는지에 달려 있다. 만일 우리가 착각에서 벗어나고 있다면 그것이 끝이 아님을 기억하라. 끝은 예수님의 영을 드러내는 삶이다.

"나의 하나님이여 내가 주의 뜻 행하기를 즐기옵니다"시 40:8.

26장 하나님과 함께하는 골방

"새벽 아직도 밝기 전에 예수께서 일어나 나가 한적한 곳으로 가사 거기서 기도하시더니"막 1:35.

이 사건은 예수님의 삶 가운데서 소위 가장 큰 성공을 한 후에 발생했다. 주님은 광야에서 사탄으로부터 매우 강렬한 공격을 견뎌내고 큰 승리를 거두셨다.

"이에 마귀는 예수를 떠나고 천사들이 나아와서 수종드니라"마 4:11.

유혹의 기간을 이기고 나면 자신의 영혼이 더 없이 청결해진 것을 느끼게 된다. 주님은 제자들을 불러 모으셨다. 그들은 주의 부르심을 듣고 모든 것을 버리고 주를 따랐다. 주님은 가버나움에서 승리의 시간들을 가지셨다. 마귀들을 쫓아내고 사람들을 자유케 하셨다. 신비하신 주님의 사역은 크게 성공하였고 주님은 유명해지셨다.

"온 동네가 (예수님의) 문 앞에 모였더라"막 1:33.

사람들을 풀어주고 축복하셨던 이 뚜렷한 성공 후에 주님께서는 한적한 곳으로 가서 기도로 밤을 보내셨다.

조지 아담 스미스 박사는 기도에 관하여 설교하면서 스위스에서 있었던 자신의 경험을 예로 들었다. 열정을 가진 등산가였던 그가 어떤 산의 정상에 도달하였을 때 등산 가이드가 옆으로 물러서며 스미스에게 정상 꼭대기에 먼저 오르라고 하였다. 가이드는 스미스에게 첫 번째로 산 정상에 오를 수 있는 영광을 준 것이다. 홀로 정상에 올라선 스미스는 큰 기쁨과 감동으로 그 자리에서 펄쩍 뛰었다고 한다. 그 순간 가이드가 스미스에게 크게 외쳤다고 한다.

"안 됩니다. 떨어집니다. 무릎을 낮추십시오. 거기 서서 펄쩍 뛰는 것은 대단히 위험합니다."

스미스의 경험은 우리의 영적인 체험에 매우 도움이 되는 예가 될 것이다. 성공적인 사역을 마친 후에 우리는 기쁨과 환희로 많은 시간을 보낸다. 그러나 이때 더욱 무릎을 꿇고 겸손히 기도할 수 있어야 안전하다는 사실을 명심해야 한다.

예수님께서 새벽 미명에 기도하신 이유가 무엇일까? 주님께서는 매일을 기도의 힘으로 넉넉히 이겨내셨다. 주님께서는 하나님과의 고요한 시간에 무엇을 하셨을까? 적어도 주님의 마음은 천지가 지어지기 전 아버지와 함께하셨던 영광을 기억하셨을 것이다. 아버지의 품에 기대어 말로는 표현할 수 없는 아버지의 음성을 들으셨을 것이다. 이러한 추측은 도에서 벗어난 것은 아니고 하나님과 교제를 나누는 마음이라면 충분히 들 수 있는 생각들이다. 구속을 통하여 구원받고 성결하게 된 사람이 하나님과의 시간을 가질 때 그 의미가 얼마나 큰 것인지! 하물며 하나님의 아들 예수님께서 아버지와 가지신 그 시간은 어떠했을까!

주님의 경험은 우리에게 감추어진 것이지만 우리도 말로 표현 못할 유사한 영적 체험을 한다. 자연의 어두운 밤이 새벽에게 양보하는 미명의 시간은 번잡하고 쓸모없는 일들을 잠깐 밀치고 '위대하고 깊은 생각'의 고요함을 누릴 수 있는 때이다. 그때 홀로 고요함 가운데 하나님의 임재를 체험할 수 있다.

당신의 달력에는 밤의 기도 시간과 새벽의 중보기도 시간이 계획되어 있는가? 하나님을 위한 사역을 성공적으로 마친 후에 당신에게는 조용하고 겸손한 기도의 시간들이 있는가? 이러한 기도의 시간이 없다면 우리 영혼은 위험에 빠지게 될 것이다. 당신은 당신이 책임져야 할 중보기도를 충분히 드리고 있는가? 사도 바울은 기도의 중요성에 대하여 얼마나 많이 강조하는지 모른다.

"모든 기도와 간구를 하되 항상 성령 안에서 기도하고 이를 위하여 깨어 구하기를 항상 힘쓰며 여러 성도를 위하여 구하라 또 나를 위하여 구할 것은…"엡 6:18-19.

선포된 하나님의 말씀에 의해 우리 영혼이 주의 임재를 체험하면서 새로운 깨달음으로 진리를 배우게 되면서, 우리는 하나님께서 우리의 축복을 위해 사용하시는 주의 종들을 위해서 얼마나 기도하는가? 우리의 '바울들'을 위하여 기도하는 것을 주제넘게 여기는 것은 사탄의 덫이다.

"한적한 곳으로 가사"라는 내용을 기억하라. 그리고 개인 기도에 대한 주님의 가르침을 기억하라.

"너는 기도할 때에 네 골방에 들어가 문을 닫고 은밀한 중에 계신 네 아버지께 기도하라"마 6:6.

하나님과 함께하는 골방이 없는 사람은 영적으로 매우 위험한 상태에 있는 것이다. 자신을 돌아보라.

당신의 골방은 무너져 있는가? 아니면 멋지게 보이는 대리석으로 골방을 치장하고는 지나가는 사람들이 "와, 저분은 아주 경건한 기도의 사람이야!"라고 말을 하도록 의도하는가?

이러한 치장된 골방은 진정한 골방이 될 수 없을 뿐 아니라 우리 영혼의 가장 깊은 곳에서 역사하시는 하나님을 모독하는 것이다. 하나님께서는 우리가 새벽을 향하는 깊은 미명에 하나님과 함께하는 심오한 기쁨들을 더욱 배워나가기를 원하신다.

3부
그리스도의 제자로서 순종하리라

예수님께서는 산상수훈을 통하여 성도들이 주장할 수 있는 유일한 권한은 자신의 권한을 포기할 수 있는 권한이라고 말씀하신다. 내가 진심으로 마음과 뜻을 다하여 이 권리를 예수 그리스도께 양도하기 전까지, 나는 결코 주님께서 원하시는 제자 관계를 주님과 맺을 수 없다.

27장 슬픔의 증거

"여호와께서 이르시되 너는 예루살렘 성읍 중에 순행하여 그 가운데에서 행하는 모든 가증한 일로 말미암아 탄식하며 우는 자의 이마에 표를 그리라"겔 9:4.

무엇 때문에 슬퍼하는지를 보면 자신의 속성을 가늠할 수 있다. 에스겔서에는 가는 베옷을 입고 허리에 서기관의 먹 그릇을 찬 사람이 등장하는데, 이 사람은 예루살렘 성의 죄악으로 인해 슬퍼하는 자들의 이마에 표시를 한다. 이 사람이 같은 심부름을 받아서 우리의 이마에 표시를 하러 왔다고 간주해보자. 이 사람이 당신의 이마에 표시를 하게 될까? 즉, 당신은 예루살렘 성의 죄악으로 인해 눈물을 흘리는 자인가 하는 것이다.

예레미야는 "눈물의 선지자"로 불린 사람이었다. 그의 애가에서 우리는 그가 눈물 흘린 이유가 사랑하는 성, 즉 예루살렘인 것을 발견할 수 있다.

"슬프다 이 성이여 전에는 사람들이 많더니 이제는 어찌 그리 적막하게 앉았는고"애 1:1.

우리는 이 슬픔을 보면서 "가까이 오사 성을 보시고 우시며"눅 19:41에 기록된 내용을 생각하게 된다.

우리는 경외하는 마음 가운데 주님께서 수세기에 걸쳐 '슬픔의 인자'로 알려져 왔다는 사실을 기억한다.

세상적인 슬픔

"세상 근심은 사망을 이루는 것이니라"고후 7:10.

예루살렘성의 죄악에 무게를 더하는 매우 이기적이고 감상적이고 비아냥거리는 슬픔의 죄악이 있다. 이 슬픔은 자신의 이기적인 목적이 좌절됨으로 인해 오는 세상적인 슬픔이다. 이러한 슬픔은 사망을 이루는 슬픔이다. 잠깐 자신의 연약함과 죄악으로 인하여 슬퍼는 하지만 회개까지 이르지 못하는 슬픔이다. 이러한 슬픔은 그 사람으로 하여금 더 이를 갈게 하고 더 악하게 만들 뿐 경건과는 무관하다. 모든 감정은 올바른 행동으로 표현되어야 한다. 올바르게 표현되지 않는 감정은 모든 좋은 행실을 무너뜨리는 못난 감상주의로 전락한다.

과거 예루살렘성에서 그 이마에 표를 받은 사람들은 그들의 슬픔을 올바른 행동으로 표현하였다. 지금 사람들은 도시의 죄악들과 부패를 보며 한숨짓고 슬퍼한다. 하지만 이에 대하여 아무런 올바른 반응을 보이지 않고 있다. 이를 생각하면 참으로 끔찍하다.

역사하는 슬픔

"하나님의 뜻대로 하는 근심은 후회할 것이 없는 구원에 이르게 하는 회개를 이루는 것이요"고후 7:10.

자신의 죄악에 대하여 뼈아픈 슬픔을 느끼지 못하는 사람은 그가 사는 도시의 죄악들에 대해서도 슬픔을 느낄 수 없다. 사도 바울은 결코 과거의 죄악들을 잊은 적이 없다딤전 1:12-16. 성경적인 회개는 적극적인 구원과 성결에 이르게 한다. 진실로 회개한 사람만이 거룩한 사람이다. 용서를 받은 모든 영혼들마다 하나님이 창조하신 이 세상을 참으로 사랑하기 때문에 인간을 저주스럽게 만드는 죄에 대해 죽도록 미워하게 되어 있다.

물론 또 다른 의미로 세상을 사랑하는 것은 하나님의 원수가 되는 것이다. 하나님께서 세상을 사랑하심같이 세상을 사랑한다는 것은, 사람들을 죄로부터 구원받도록 사랑하는 것을 뜻한다. 하나님의 뜻에 합당한 슬픔은 적극적인 경건을 이루어낼 뿐 아니라 '그리스도의 남은 고난을' 채우기 위해 밤낮으로 쉬지 않고 간절히 기도하게 한다. 즉, 영혼들을 얻기 위해 십자가의 표를 지니는 것이다.

사람을 얻는 슬픔

"내게 임한 근심 같은 근심이 있는가 볼지어다"애 1:12.

하나님이 없는 세상의 표지sign는 원circle으로써 끝없이 그 안에서 돌며 그 자체를 위해 존재한다. 그러나 그리스도인의 표지는 십자가이다. 그리스도인들은 모든 사람이 죄인임을 알기에 죄의 책망을 받을 때 쓰라리면서도 이를 축복으로 여긴다. 따라서 그리스도인들은 갈보리의 십자가에 일치하는 자리로 나아간다. 그들은 죄 많고 이기적인 이 세상이 무너져서 많은 사람들이 능력의 십자가로 인도되는 기회가 되기를, 그래서 모든 사람들이 하나님께 나아가고 하나님께서는 사람들에게 나아오게 되는 날을 바라며 기도하고 노력한다.

연약해지는 슬픔

"너희가 나와 함께 한 시간도 이렇게 깨어 있을 수 없더냐"마 26:40.

"이러므로 너희 중에 약한 자와 병든 자가 많고 잠자는 자도 적지 아니하니"고전 11:30.

오늘날 영적인 잠에 빠진 사람들이 많다. 모든 면에서 사망을 이루는 근심으로 가득 찬 이 세상이 이를 증명한다. 개인적인 슬픔이 바른 행위로 표현되지 않으면 우리는 비관적인 영적 침체에 빠짐으로 스스로를 달래게 된다. 예를 들어, 한 형제가 "죽음에 이르지 아니하는 죄를 범하는 것"을 보았다고 하자요일 5:16. 그러면 당신은 그의 죄로 인해 아파하면서 그를 위하여 기도하는가? 기도로 당신의 슬픔이 표현되지 않는다면 당신은 영적 비관에 빠지게 될 것이다.

대부분의 사람들은 영적으로 너무 얕팍하다. 철부지처럼 말도 안 되는 부탁을 주님께 드린다. 그러면 주께서 우리에게 질문하신다.

"너는 내가 마시는 잔을 마실 수 있느냐? 내가 받는 세례를 받을 수 있느냐?"

그러면 우리는 쉽게 대답한다.

"그럼요. 할 수 있습니다."

주께서는 잔과 세례가 무엇을 의미하는지 보여주신다.

"나는 받을 세례가 있으니 그것이 이루어지기까지 나의 답답함이 어떠하겠느냐"눅 12:50.

"예수께서 이르시되 너희는 내가 마시는 잔을 마시며 내가 받은 세례를 받을 수 있느냐"막 10:39.

이후부터 제자들은 철없이 날뛰던 봉사를 멈추고 그들 앞에 놓인 위대하고 엄중한 순교의 날들을 맞이하기 시작한다. 그들은 고난과 기쁨이 함께하는 인내의 순례의 길을 떠나는 것이다. 물론 기쁨보다는 고난이 더 많다.

슬픔이 없다

많은 사람들이 영적으로 '쇼 사업'show business을 하고 있다. 이러한 사업은 처음에 생각한 것보다 훨씬 더 무서운 위험을 초래한다. 쇼 사업을 하는 자들은 마치 욥기에 나오는 친구들처럼 위험한 존재들이 된다. 특히 자신의 신비체험으로 인해 교만하였던 엘리바스의 모습에서 이러한 쇼의 자세가 나타난다. 이러한 사람들의 이마에는 도시의 죄로 인하여 아파하고 고통 당하는 표가 없다. 그들은 도시의 죄에 대하여 관심이 없고 단지 자기의 체험만을 독선적으로 주장하기에 바쁘다. 오늘날 소위 기독교 운동들이 많은데, 이 운동들의 특징은 죄에 대한 아픔이 없고 고통 당하는 자들을 향한 동정도 없다는 점이다.

슬픔은 "그 몸에 우리 죄를 담당하신" 주님과 우리를 일치시킨다. 슬픔은 우리를 연결하여 죄를 담당하려는 강력한 공동체를 이끌어낸다. 우리는 그 공동체를 통해 하나님께서 우리에게 보여주신 사랑과 똑같은 종류의 사랑을 인내와 끈질긴 섬김을 통해 쏟아붓는다. 십자가로 면류관을 쓴 삶들의 아름다움으로 인하여 하나님을 찬양하자! 이것이 바로 그리스도인의 삶의 최상의 모습이요 완성된 구원의 증거이다.

희미한 과거의 먼 날들에스겔 당시의 이마의 표이 앞으로 올 가장 위대한 날들과 연결되어 있다.

"그의 얼굴을 볼 터이요 그의 이름도 저희 이마에 있으리라"계 22:4.

28장 진심과 실체 사이

"예수께서 대답하여 이르시되 시몬아 내가 네게 이를 말이 있다 하시니 그가 이르되 선생님 말씀하소서"눅 7:40.

진심이 있고 하나님의 진리를 전파하는 데 열정이 있더라도 여전히 실체와는 아무런 관련이 없을 수 있다. 이 말이 진지한 사람은 위선자이거나 어리석다는 뜻은 아니다. 하나님께서 원하시는 참된 그리스도인이 무엇인지 결코 이해하지 못할 수 있다는 뜻이다.

누가복음을 보면 "한 바리새인이 예수께 자기와 함께 잡수시기를 청하니 이에 바리새인의 집에 들어가 앉으셨을 때에"라는 기록이 있다눅 7:36. 집주인 시몬은 의심할 여지없이 진지한 사람이었다. 그는 죄를 회개하는 여인이 예수님 앞에 나타난 것을 보고 못마땅하게 여겼지만 자신의 생각을 감추고 아무 말도 하지 않았다.

"예수를 청한 바리새인이 그것을 보고 마음에 이르되 이 사람이 만일 선지자라면 자기를 만지는 이 여자가 누구며 어떠한 자 곧 죄인인 줄을 알았으리라"눅 7:39.

이때 예수님께서는 시몬의 감추어진 생각을 모두 드러내심으로 자신이 참으로 선지자임을 증명하셨다. 그러면서 시몬이 바리새인적인 기준으로 예수님을 푸대접하였음을 지적하셨다.

"너는 내게 발 씻을 물도 주지 아니하였으되 … 너는 내게 입맞추지 아니하였으되 … 너는 내 머리에 감람유도 붓지 아니하였으되…"눅 7:44-46.

우리는 주님께서 우리 집과 교회, 직장 및 사회에 오셔서 "내가 너희에게 말할 것이 있다"라고 하시면 시몬처럼 매우 진지하게 대답한다.
"선생님, 말씀하십시오."
그러나 슬프게도 그때 주님께서 우리에게 하실 말씀은 시몬에게 하신 아주 불쾌한 말씀과 다르지 않을 것이다.
우리는 영적인 일들과 관련한 습관 때문에 예수님의 말씀에 무디어지는 경향이 있다. 너무나 진지한 분위기는 자신이 전혀 실제가 아니라는 사실을 깨닫지 못하게 한다. 성결에 대해 진지하게 대화를 나누는 당신은 '실제로' 거룩한가? 성령에 대해 진지하게 대화하는 당신 안에는 '실제로' 성령이 내재하는가? 산상수훈에 대하여 진지하게 대화하는 당신은 '실제로' 그 교훈대로 살고 있는가?

우리 자신을 점검해보자. 실제로는 진리대로 살지 못하는 가짜이면서 진리에 대하여 진지한 척하는 것은 아닌가? 가령, 당신은 누가복음 11장 13절, 요한복음 3장 16절, 갈라디아서 2장 20절 같은 성경 구절에 친숙하지만 정작 자신의 영적 양심이 죽어 있다는 사실마저 모르고 있는 것은 아닌가? 성경 지식에 관하여 우쭐한 마음을 가지고 "하나님, 이제 이것을 알게 되니 감사합니다"라고 말하지만 실상 당신의 삶은 신기루와 같은 가짜는 아닌가?

"의문은 죽이는 것이요 영은 살리는 것임이니라"고후 3:6.

예수님의 말씀이 성령에 의하여 적용되면 우리의 영적인 관습이 깨어지게 되면서 우리는 깜짝 놀랄 만한 충격을 당하게 된다. 그렇게 되면 되풀이되는 진지한 종교적 관습에 의해 잠든 우리의 양심의 예민함이 깨어나게 된다. 한때 우리는 예수님께 진지하게 대답하는 것이 가장 멋지다고 생각했다. 그래서 "선생님, 말씀하소서"라고 대답하였다. 그러나 진지한 자세를 취하기는 하지만 우리의 마음은 이미 정해져 있는 상태이기 때문에 듣고 싶은 것만 가려 듣는다. 이러한 자세는 영적인 교만과 편견을 다 버리고 주님이 말씀하시기만 하면

다 순종하겠다는 자세와는 거리가 멀다. 실제로 예수 그리스도의 권위 아래 모든 것을 순종하려고 의도할 때만 우리의 행동이 생생한 실제가 될 수 있고 우리를 통하여 풍기는 분위기 역시 실제가 된다. 성령께서 예수 그리스도의 놀라우신 말씀으로 우리를 충만하게 하시기를 바란다. 우리의 마음과 영이 새롭게 되어 우리의 삶을 향한 하나님의 뜻을 더욱 예민하게 이해할 수 있기를 바란다.

진심과 실체의 괴리를 치료할 수 있는 길은 마음의 결단이다. 입술로는 "선생님, 말씀하소서"라고 말하지만 실제의 삶 속에서 자신이 하고 싶은 대로 행한다면, 이는 크게 잘못된 것이고 그로 인한 영적 피해도 커진다. 사실 성령께서 우리의 마음을 진리 되신 예수님께 집중하도록 새롭게 해주지 않으시면, 우리의 진심과 실체 사이에는 괴리가 생길 수밖에 없다. 따라서 주의 말씀이 우리에게 실제가 될 때는 성령께서 주의 말씀을 해석해주실 때이다. 성령께서 우리에게 말씀을 깨닫게 하시면, 우리는 세상을 이기게 되고 지치고 쓰러진 많은 영혼들에게 새로운 힘을 줄 수 있다.

주님의 사람들의 실제적인 삶의 영향력은 측정될 수 없다. 우리에게는 고상하고 거룩한 확신과 함께 잘못된 감상이 동반될 수 있다. 그러한 감상이 실제로 우리를 거룩하고 고상하게 만들어줄 수 있는 그리스도의 가르침에 과감하게 집중하는 것을 방해한다.

새롭게 집중하는 마음으로 주님께 순종하자. 주님께서는 우리를 소망으로 가득 차게 하시고 깨어 있게 하시며 멀리 보게 하실 것이다. 주님의 말씀에 동감하며 그분의 관점을 유지하겠다고 결심하라.

"내가 네게 이를 말이 있다 … 선생님 말씀하소서"눅 7:40.

29장 헌신된 '우리'인가 '나'인가?

'우리'라는 의미는 매일의 삶 속에서
가난한 자, 슬픈 자들을 마음껏 돕는다는 뜻이라네.
따스한 말과 행위로 그들을 기쁘게 하며
그들에게 하나님의 선하심을 느끼게 하자는 뜻이라네.
그러나 '나'는 왜 덜 섬기고 있을까?

'우리'라는 의미는 우리의 가족들, 친구들, 이웃들에게
우리가 그리스도와 함께하는 주님의 제자임을
알리기 위하여 더욱 사랑하는 것일세.
그들을 돕고 치유하는 가장 따스한 사랑을 주님께 배우세.
그러나 '나'는 왜 덜 사랑하고 있을까?

'우리'는 이처럼 큰 뜻을 의미하고 있으니,

'나'는 겁쟁이의 마음을 가지고 누워

인생의 의미와 이루지 못한 사명을 보고 있어야 하나?

나의 아버지! 더도 말고 '나'를 사랑할 힘을 주소서.

"그러나 너희는 랍비라 칭함을 받지 말라 너희 선생은 하나요 너희는 다 형제니라 땅에 있는 자를 아버지라 하지 말라 너희의 아버지는 한 분이시니 곧 하늘에 계신 이시니라 또한 지도자라 칭함을 받지 말라 너희의 지도자는 한 분이시니 곧 그리스도시니라"마 23:8-10.

종종 성경에서 제자도의 공동체적인 면과 개인적인 면을 볼 수 있다. '우리'가 할 일에 대하여 말하는 것은 아주 쉽다. 예를 들어, '우리'는 놀라운 일들을 할 것이라고 말하지만 결국 아무 일을 하지 않는다. 요한복음 6장 66-71절의 사건을 보면 '우리'라는 면을 강조하는 베드로를 볼 수 있다. 이때 주님은 베드로가 말한 것을 각 개인에게 적용하신다.

"너희도 가려느냐?"

이에 시몬 베드로가 대답한다.

"주여, 영생의 말씀이 계시매 우리가 뉘게로 가오리이까."

이때 예수님은 전혀 관계가 없는 이야기를 끄집어 내신다. 그러나 실상은 아주 관련이 깊다.

"내가 너희 열둘을 택하지 아니하였느냐 그러나 너희 중에 한 사람은 마귀니라"요 6:70.

우리는 군중으로 혹은 짝으로 제자가 될 수 없다. 제자가 된다는 것은 언제나 개인의 문제이다눅 13:23-24 ; 요 21:21-22. 제자의 길을 갈 때 우리는 자신의 선택에 의해서가 아니라 하나님의 선택에 의해 각각 제자로 부름을 받게 된다. 이때 단지 '나 자신'이 예수 그리스도와 바른 관계를 맺으면 된다. 다른 사람들도 마찬가지이다.

전지하신 선생님

"너희 선생은 하나요 너희는 다 형제니라"마 23:8.

자신에게 다음 질문을 분명하게 해볼 필요가 있다.
"예수 그리스도를 나의 선생으로 인식하고 있는가? 아니면 나의 애매한 영적 충동을 따르는가? 하나님에 대한 다른 사람의 인식을 아무 생각없이 받아들이는가? 아니면 내가 듣는 모든 것, 내게 임하는 모든 영적 충동 및 감정을 그리스도의 가르침으로 점검하는가?"
예수님은 성령께서 오시면 "그가 너희에게 모든 것을 가르치실 것"이라고 말씀하셨다. 성령은 우리를 한 분 스승이신 예수 그리스도께로 연합시키는 거대한 끈의 역할을 하신다. 예수 그리스도는 플

라톤을 비롯한 다른 훌륭한 선생들과는 다른 차원의 선생이시다. 주님은 완벽하게 홀로 서 계신다. 예수님께서는 "네 선생들을 시험해보라"고 하셨다. 하나님께로부터 오는 선생들은 예수 그리스도께로 오는 길을 예비하는 자들로서 그 길을 깨끗하게 한다. 사람들로 하여금 예수님을 분명히 보도록 하는지 그렇지 않은지에 따라, 선생들은 하나님의 마음에 합한 사역자인지 아닌지가 판가름난다.

무소부재하신 아버지

"너희 아버지는 하나이시니" 마 23:9.

조지 맥도널드가 쓴 책 중에 하나님의 자녀가 지닌 놀라운 단순함에 대하여 선명하게 묘사하는 글이 있다. 그가 그린 욥은 하나님이 계신 조용한 방의 문을 열고 하나님 앞에 자신을 맡기면서 모든 문제를 주님께 아뢰는 모습이다. 그는 하나님의 자녀가 하나님의 방에 아무 때나 문을 열고 들어와서 "이러저러한 일로 인해 당황스럽습니다. 왜 이러한 일들이 일어나야 하는 것입니까?"라고 말할 수 있는 자유함을 지적한다. 욥은 자기를 위협하는 독재자가 아니라 아버지에게 나아가고 있다. 만일 우리가 그리스도의 제자라면 우리는 언제든지 자녀처럼 완전한 단순함과 자유함를 가지고 주께 나아가 말씀을 나눌 수 있다. 어떤 이들은 자신들을 먼 광야에 홀로 떨어져 있는 외로운 사람처럼 생각하고 하나님의 귀에 자신들의 음성을 들리도록 고통 가운데 울부짖어야 한다고 주장한다. 그러나 성경을 보라. 예수님은 "아버지여, 내 말을 들으신 것을 감사하나이다 항상 내 말을 들으시는 줄을 내가 알았나이다"라고 말씀하신다요 11:41-42.

하나님 아버지는 당신의 아버지이시다! 잠깐 생각해보라. 당신은 하나님을 자신의 아버지로 믿으며 행동하고 있는가? 아니면 하나님 앞에 설 때 당신의 삶은 너무나 비참하고 천박하고 가치 없다는 생각으로 부끄러움 가운데 고개를 떨구고 있는가? 하나님 앞에서 비참해지는 이유는 당신이 하나님께서 당신의 아버지라는 사실을 잊고 있기 때문이다. 어떤 이들은 너무나 정신없이 바빠서 예수 그리스도의 가장 놀라운 말씀인 "너희의 하늘 아버지께서 아신다"는 계시를 망각한다.

전능하신 지도자

"너희의 지도자는 한 분이시니 곧 그리스도시니라"마 23:10.

주님의 제자도의 개념에는 제자들이 "좋습니다. 주님, 이제부터 주님을 섬기겠습니다"라고 말할 수 있는 여지가 없다. 그 이유는 우리가 하나님을 위하여 일하는 것이 아니라 하나님께서 우리를 통하여 일하시기 때문이다. 하나님은 주께서 원하시는 대로 우리를 사용하신다. 주님이 원하시는 곳에 우리를 배치하신다. 그러므로 우리는 주님께서 "그가 아들이시면서도 받으신 고난으로 순종함을 배우셨 듯이"히 5:8 순종을 배워야 한다. 예수님께서 "아버지께서는 나를 보내신 것같이 나도 너희를 보내노라"요 20:21고 말씀하셨다. 하나님께서 예수님을 왜 보내셨는가? 하나님의 뜻을 행하게 하기 위해서이다. 예수님께서 제자들을 왜 보내셨는가? 예수님의 뜻을 행하게 하기 위해서이다. "너희가 나의 증인이 될지라"는 말씀은 우리가 어디로 이끌리든지 그곳에서 그리스도의 기쁨이 되라는 말씀이다.

주님의 지혜는 완전하다. 주님께 진실하라. 그러면 다른 성도들이 당신에게 진실할 것이다. 만일 당신이 사람들의 가르침을 따르면 당신은 성도들로부터 멀어지게 될 것이다.

"그가 빛 가운데 계신 것같이 우리도 빛 가운데 행하면 우리가 서로 사귐이 있고"요일 1:7.

만일 당신이 하나님께 숨겨야 할 일이 생긴다면 당신은 무엇을 하든지 파선하게 될 것이다. 아무것도 감추지 말라.

30장 내적 사역

"예루살렘이여 내가 너의 성벽 위에 파수꾼을 세우고 그들로 하여금 주야로 계속 잠잠하지 않게 하였느니라 너희 여호와로 기억하시게 하는 자들아 너희는 쉬지 말며 또 여호와께서 예루살렘을 세워 세상에서 찬송을 받게 하시기까지 그로 쉬지 못하시게 하라"사 62:6-7.

"여호와께서 이르시되 너는 예루살렘 성읍 중에 순행하여 그 가운데에서 행하는 모든 가증한 일로 말미암아 탄식하며 우는 자의 이마에 표를 그리라 하시고"겔 9:4.

당신은 내적 사역에 대해 체험적으로 알고 있는가? 단 일분이라도 다른 사람들의 죄악에 대하여 중보기도로 하나님 앞에서 간절히 아뢴 적이 있는가? 위의 선지자들의 말씀을 자신에게 비추어보면, 우리는 우리 안에 있는 비참할 정도의 이기심과 자기중심적인 신앙 때문에 부끄럽고 당황스러울 것이다.

우리 중에 몇이나 주님과 하나가 되어 성령 안에서 중보기도로 내적 사역을 해왔는가? 중보기도에는 세 가지가 있다. 하나님 보좌 앞에서 예수 그리스도께서 드리는 중보기도, 성도의 내면에서 드리는 성령의 중보기도, 그리고 성도들이 일반 상황과 사람들을 위해 드리는 중보기도가 있다. 특히 성도들이 중보기도로 일반 상황들과 다른 사람들을 하나님 앞에 둘 때, 성령께서는 하나님의 뜻에 따라 중보하실 수 있는 기회를 얻게 된다. 이것이 인격적인 성화의 의미이다. 성화는 하나님을 위해 정신없이 바쁜 사역자가 되는 것이 아니라 하나님의 종이 되어 중보기도의 사역을 감당하는 것을 뜻한다. 신자들은 중보기도를 통해 개인적인 간증의 벽을 넘어서서 주께서 우리를 성결하게 하신 목적을 이루는 도구가 된다.

내적 사역에서 가장 먼저 배워야 할 교훈은 홀로 하나님 앞에서 말하는 것이다. 이는 하나님의 뜻을 깨닫기 위해 당신이 아는 바를 하나님께 말씀드리는 것이다. 그러면 강퍅함이 떠나간 자리에 아파하시며 고통하시는 성령께서 임하신다. 그러면 당신은 서서히 성령의 관점에 공감하게 된다.

갈보리와 상관없는 거룩을 주창하는 자들이 있다. 이들은 성령을 빙자한 바리새인 같은 거룩으로 옷 입고 있다. 이들의 우월의식은 심각하다. 성령은 예수님의 거룩이 아닌 사이비 거룩이 전파될 때 심히 분노하신다. 예수님의 거룩은 이 땅에서 가장 겸손한 것이다.

하나님께서 어떤 영혼을 위해 중보기도를 하도록 부담을 주시면 그 사람을 위해 기도하라. 그 사람에게 말하지 말라. 그 사람과 직접 대화를 나누는 것이 그 사람을 위해 하나님께 기도하는 것보다 훨씬 쉽다. 그러나 우리는 하나님께서 서서히 인내를 가지시고 그 사람을 늪에서 꺼내실 때까지 그 영혼에 대한 부담을 갖고 기도해야 한다. 하나님의 뜻대로 중보기도를 하는 사람들은 극소수이다.

하나님께서 당신에게 기도의 부담을 주시면, 절대로 의심하지 말고 기도하라. 내적 사역에서 우리가 해야 하는 일은 그 부담을 하나님께 가져가는 것이다. 성령께서 우리가 기도하는 그 대상을 향해 그가 견딜 수 없는 상황을 만드실 때까지 당신은 뼈를 깎는 기도를 드려야 한다. 이것이 하나님의 방법이다.

그러나 우리는 우리의 짧은 생각으로 하나님의 일을 방해하곤 한다. 사람이 어디서 잘못되었는지를 파헤치려 하는 것은 중보기도에 도움이 되지 않고 오히려 방해가 된다.

"나의 어려움이 무엇인지 당신에게 말하고 싶습니다. 그러면 당신이 더욱 지적으로 나를 위해 기도할 수 있겠지요."

그러나 당신이 그 사람의 어려움을 많이 알수록 당신은 덜 지적으로 기도하게 된다. 하나님께서는 언제라도 그들의 어려움을 제거하실 수 있다는 사실을 잊지 말라.

"그러나 인자가 올 때에 세상에서 믿음을 보겠느냐"눅 18:8.

우리 중에 과연 몇 사람이나 하나님께서 오셔서 "이 사람이 내가 기억하는 사람이다"라고 말할 수 있을까? 혹시 주님께서 오셔서 "이 사람은 자기 확신에 따라 수고하였으니 그는 전혀 내 종이 아니라"고 하시는 것은 아닐까?

"또한 이보다 큰 것도 하리니 이는 내가 아버지께로 감이니라 너희가 내 이름으로 무엇을 구하든지 내가 시행하리니"요 14:12-13.

31장 그리스도의 면류관과 언약을 위하여

'그리스도의 면류관과 언약을 위하여'라는 표어는 스코틀랜드의 언약주의자들이 외친 내용으로서 기독교 역사 가운데 그 어떤 가르침보다 그리스도를 향한 충성이 무엇인지를 성경에 가장 가깝게 가르친 것이다. 이 내용을 이 시대에 맞게 고쳐보았다.

주님의 왕권을 향한 충성

"빌라도가 이르되 그러면 네가 왕이 아니냐 예수께서 대답하시되 네 말과 같이 내가 왕이니라" 요 18:37.

예수 그리스도는 구세주일 뿐 아니라 왕이시다. 주님은 자신의 판단에 따라 우리에게 무엇이든지 요구할 권리가 있다. 우리는 구원의 기쁨과 위로에 관하여 말한다. 그러나 예수 그리스도는 십자가를 지고 주님을 따르는 것에 관하여 말씀하신다. 주님께서는 제자도에 관하여 말씀하실 때마다 '만일'이라는 단어로 시작하셨다. 이는 "네가 원치 않는다면 제자가 될 필요가 없다"는 말씀이다. 어떤 위기가 닥쳤을 때 충성스러운 제자가 되기보다 주님을 버리고 떠난 '데마'처럼 되는 것이 언제나 더 쉽다. 예수 그리스도를 향한 충성이 무엇인지 잘 아는 사람은 극히 드물다.

"나로 인하여." 이것이 바로 충성스러운 성도를 만드는 비결이다. 우리는 예수 그리스도를 그리스도인의 삶의 최고의 본으로 여긴다. 그러나 우리는 예수 그리스도를, 땅과 하늘의 모든 권세를 가지신 전능하신 하나님께서 이 땅에 성육신하신 분으로 인식하지 못할 때가 많다. 우리는 주님을 삶의 전쟁에서 도움을 주는 경험 많은 동료 정도로 여긴다. 우리는 주님을 우리 중의 한 사람 정도로 대한다. 이제는 주께서 말씀하실 때 신발도 벗지 않는다. 그러나 예수 그리스도는 구세주이시다. 그분은 우리를 구원하셔서 주님의 완벽하고 거룩한 통치 아래 들어오게 한 왕이시다.

주님의 주권을 향한 충성

"너희가 나를 선생이라 또는 주라 하니 너희 말이 옳도다 내가 그러하다"요 13:13.

사람뿐 아니라 개도 어떤 주인을 만나느냐에 따라 그 삶에 엄청난 차이가 난다. 재미있는 것은 '위선자'들은 주인이 없다. 그들은 언제나 몰래 행동한다. 그러나 예수 그리스도를 주인으로 모신 사람은 겉과 속이 똑같은 사람으로서, 불평분자나 감상주의자도 아니고 경건주의자도 아니다. 오직 하나님의 사람이다. 예수 그리스도를 진정한 주인으로 모시는 자들은 진실한 사람들이 될 수밖에 없다.

신기하게도 주께서는 결코 순종을 강요하지 않으신다. 우리가 권위를 이용하여 누군가를 강요한다면, 이는 최상의 권위에 순종하지 않고 있다는 분명한 표시이다. 만일 당신이 권위의 자리에 있는데 사람들이 당신에게 순종하지 않는다면 당신의 마음자세를 세세하게 살펴볼 때, 당신은 그들을 탓할 것이 아니라 자신을 탓해야 한다는 것을 발견하게 될 것이다. 영적으로 조금이라고 틈이 생기면 당장 하나님께 나아가 바른 관계를 유지하라. 그러면 주변의 사람들이 당신을 통해 하나님과 만나게 될 것이다.

주님의 통치에 대한 충성

"내가 그리스도와 함께 십자가에 못 박혔나니 그런즉 이제는 내가 사는 것이 아니요 오직 내 안에 그리스도께서 사시는 것이라" 갈 2:20.

예수 그리스도께서 '나를' 구원하시고 성결하게 만드시기 위해 오셨다는 생각은 위험하다. 주님은 나를 구원하시고 '주님께로' 거룩하게 구별하셔서 주님의 완벽한 종이 되도록 하기 위해 오셨다. 따라서 우리가 구원을 받아 성결하게 되면 주님의 철저한 종이 되는 것이기 때문에 주님의 말씀에 조금이라도 따질 수 없다.

"나는 나를 섬기는 자로 너를 특별히 불렀다. 너는 절대로 불평해서는 안 되며 나는 너에게 설명할 필요가 없다."

그러나 우리는 따진다.

"왜 내가 이것을 하지 말아야 합니까? 이것은 내 권한입니다."

이러한 자세는 주님 앞에서 허용되지 않는다.

기독교의 열정은 내가 뜻을 다하여 나의 권한을 예수 그리스도께 양도하고 그분의 종이 되는 것이다. 어리석은 자들만이 자신들의 권한을 주장할 것이다. 사탄은 사람들에게 그들의 권한을 챙기라고 유혹한다. 그러나 예수님께서는 산상수훈을 통하여 성도들이 주장할 수 있는 유일한 권한은 자신의 권한을 포기할 수 있는 권한이라고 말씀하신다. 이것이 성결에 관한 성경의 개념이다. 이러한 이유 때문에 성령 세례를 얻는 자리까지 나아가는 사람이 극히 드물다. 사람들은 "중요한 사람이 되고 싶어서 성령 세례를 원한다"고 말한다. 그러나 이런 경우는 절대로 성령 세례를 받을 수 없다. 우리는 주께서 말씀하신 목적인 '주님의 증인이 되는 것' 외에 다른 목적으로 성령 세례를 받으려고 해서는 안 된다. 주님의 증인이 된다는 것은, 주님이 마음대로 사용하실 수 있는 종이 된다는 뜻이다.

주님의 부르심에 대한 충성

"우리가 알거니와 하나님을 사랑하는 자 곧 그의 뜻대로 부르심을 입은 자들에게는 모든 것이 합력하여 선을 이루느니라"롬 8:28.

충성스러운 성도들은 하나님께서 모든 상황을 조성하신다는 사실을 믿는다. 따라서 이들은 어떠한 상황에서도 자유함을 누린다. 그러나 하나님께서 모든 것을 주장하신다고 말하면서도 실제로는 그렇게 믿지 않는 자들이 있다. 이들은 자신들에게 발생하는 상황들이 마치 사람들에 의하여 조장되는 것으로 생각하고 대처한다. 모든 상황 가운데 하나님께 신실하다는 뜻은 우리의 마음이 오직 주님께만 모든 충성을 다하는 것을 말한다. 하지만 문제는 대부분의 신자들이 자기들 멋대로 하나님이 무엇을 원하실 것이라고 추측하고 그에 따라 충성하기에 정작 주님의 음성이 임하여도 듣지 못한다. 결국 자신이 원하는 것에 충성할 뿐, 주께 충성하는 것이 아니다. 이러한 경우 기쁨, 축복, 어려움, 비참의 상황 가운데서 하나님의 뜻을 인식하지 못하게 된다. 그러므로 그는 하나님의 부르심에 불충성할 수밖에 없다. 참된 충성은 언제나 이 부분에서 걸린다. 자신의 생각에 대한 충성은 언제나 다른 인격체에게 불충성하는 결과를 만들어낸다.

하나님께서는 사람을 통하여 우리를 교육하신다. 따라서 하나님께서 우리에게 보내시는 '엘리야'에게 불충성하는 것은 하나님께 말로만 충성하고 실제로는 순종하지 않는 것과 같다. 하나님이 보내신 선생님께 충성하는 것은 결국 주님께 충성하는 것과 같다. 하나님께서 보내신 사역자를 대할 때 주의하라. 하나님이 보내신 진실한 사역자라면 오직 한 가지 목표만 있다. 바로 예수 그리스도의 주권에 조금도 머뭇거리지 않는 충성이다. 하나님께서 보내신 사역자를 향한 우리의 충성에 대하여 하나님 앞에서 계산할 날이 올 것이다.

32장 빛 가운데 거하기

죄가 멈추는 곳, "빛 가운데 거하면"

"그가 빛 가운데 계신 것같이 우리도 빛 가운데 행하면 우리가 서로 사귐이 있고 그 아들 예수의 피가 우리를 모든 죄에서 깨끗하게 하실 것이요" 요일 1:7.

하나님은 감추실 것이 아무것도 없으시다. 나는 하나님께 감출 것이 있는가? 만일 자신을 변명해야 한다면, 나는 빛 가운데 있지 않은 것이다. 혹시 "그럴 만한 이유가 있었어요"라고 말해야 한다면 나는 빛 가운데 있지 않고 뭔가를 숨기는 것이다. 그러나 하나님께서 빛 가운데 계신 것같이 나도 빛 가운데 거하면 엄청난 계시가 임한다. 나의 모든 죄를 하나님의 아들 예수의 피가 깨끗하게 하였기 때문에 전능하신 하나님마저 내게 책망할 것을 발견할 수 없으시다. 이 진리는 사람이 의식할 수 있는 사건이 아니라 하나님의 계시이다. 만일 죄의식으로부터 완전한 자유를 체험하려고 한다면 당신은 위선자가 될 것이다. 같은 죄를 계속 지으면 오히려 죄의식으로부터 자유하게 된다. 그 이유는 죄의 속성이, 당신이 죄를 짓고 있다는 사실을 의식하는 것마저 파괴하기 때문이다. 하나님께서 빛 가운데 계신 것같이 내가 빛 가운데 거할 때 비로소 죄는 멈추어진다. 그 외의 다른 방법으로는 가능하지 않다. 또한 빛 가운데 거할수록 죄가 얼마나 아프고 무서운 것인지 더욱 뼈저리게 알게 된다딤전 1:15-16.

"만일 우리가 우리 죄를 자백하면 그는 미쁘시고 의로우사 우리 죄를 사하시며 우리를 모든 불의에서 깨끗하게 하실 것이요"요일 1:9.

자백과 인정의 차이점을 주목하라. 대부분의 사람들은 인정까지는 어렵지 않게 한다. 사람 앞에서 자백하기도 한다. 그러나 하나님께 자백하는 자리까지 가는 것은 아주 희귀하다. 그만큼 생각보다 하나님께 자백하는 것은 매우 어렵다.

자백은 용서를 받기 위한 것이 아니다. 오히려 용서함을 받았기 때문에 자백한다. 다시 말하면, 하나님은 내가 죄를 자백하였기 때문에 나를 용서하시는 것이 아니다. 죄를 자백함으로 내가 용서함을 받았다는 사실을 깨닫는 것이다. 나는 나를 자백하도록 이끄시는 하나님의 손길을 기꺼이 받아들이겠는가? 성령께서 우리의 죄를 책망하시는 것은 경찰이 범죄자를 유죄 판결하려고 책망하는 것과는 완전히 다르다. 성령의 책망은 인간의 본성 속에 있는 죄를 들춰내어 당신으로 하여금 "그래요, 나도 압니다"라고 자백하게 한다. 이러한 고통스러운 자백은 우리의 영혼에 가장 귀한 약이 된다.

"하나님께서 구하시는 제사는 상한 심령이라 하나님이여, 상하고 통회하는 마음을 주께서 멸시하지 아니하시리이다"시 51:17.

당신의 죄악에 대해 변명하지 않도록 주의하라. 우리는 당장 어두움에서 빛으로 들어갈 수 있다. 어떻게 해야 들어갈 수 있는가? 하나님께서 하시지 않고 내가 뜻하면 된다.
"나는 하나님과 살아 있는 교통을 나누길 원합니다."
이렇게 뜻하면 당장 그 자리에 거하게 된다. 그 자리에 있지 않는 이유는 죄악을 자백하려고 하지 않기 때문이다. 나의 죄악을 향한 하나님의 판결에 굴복하지 않으려 하기 때문이다. 그러나 자백하는 순간, 주님의 구속이 우리 안에서 당장 초자연적인 효력을 나타낸다.

사랑이 침노하는 곳, "사랑 가운데 행하면"

"그리스도께서 너희를 사랑하신 것같이 너희도 사랑 가운데서 행하라"엡 5:2.

만일 내가 빛의 자녀로서 하나님의 빛이 내 안에 증가되기를 원한다면 고린도전서 13장은 그 기준이 될 것이다.

"사랑은 오래 참고 사랑은 온유하며…"

당신은 오래 참는가? 언제나 온유한 마음의 상태에 있는가? 말은 친절하게 하지만 속마음은 잔인한 경우가 참 많다. "사랑 가운데서 행하는 것"은 나의 성향이 근본적으로 변하여 매 호흡마다 온유함이 나타나는 것이다. 얼굴 표현과 말투로 온유한 척할 수는 있어도 그것으로 그리스도의 온유한 심령을 대신할 수는 없다. 영적으로 속이려는 자세는 성도가 마귀의 손아귀에 들어가는 지름길이다.

"사랑은 투기하는 자가 되지 아니하며…"

투기 또는 질투는 나의 경쟁 대상이 나타나 그 대상의 우월한 점을 인식하게 될 때 발생한다. 질투에 빠지면 쉽게 빠져나올 길이 없다. 다른 사람이 내가 긍지를 가지고 있었던 부분에서 나보다 더 뛰어난 것이다. 그런데 내가 다른 사람을 질투하고 있는지 어떻게 알 수 있는가? 나보다 더 높은 지위에 있는 어떤 사람이 쓰러질 때 몰래 기뻐하는 마음이 있으면, 이는 투기하는 마음 상태에 빠져 있는 것이다. 물론 말로는 슬퍼하는 척한다. 소유물에 대해서도 마찬가지이다. 질투에 빠져 있는 사람은 다른 사람이 나보다 더 좋은 것을 가지고 있으면 기분이 나쁘다. 그 어떤 사람도 성도가 되지 않고서는 자기보다 뛰어난 사람 앞에서 투기 및 질투의 느낌을 피할 수 없다. 그러나 주 예수님의 생명이 그 안에 나타나는 사람 곧 성도에게는 투기와 질투가 사라진다.

"자기의 유익을 구하지 아니하며…"

자기의 유익을 구하지 않는 사람이 되려면 오직 "온 세상에 나의 하나님, 당신 밖에 없습니다"라고 고백할 수 있는 유일한 생명을 소유해야 한다. 이 생명은 더 이상 자기 때문에 마음 상하는 일이 없다. 오직 다른 사람을 향한 하나님의 관심에 전적으로 헌신되어 있는 생명이다.

"성내지 아니하며…"

예수 그리스도께서 짜증을 내신 적이 있는가? 나는 어떠한가? 하나님께서는 나에게 화가 나는 상황을 허락하신다. 그 이유는 내 안에 하나님의 은혜를 충만하게 주시고자 함이다. 주의 은혜 가운데 있으면 성내지 않는다.

"악한 것을 생각하지 아니하며…"

어떤 사람이 당신에게 불쾌한 행동을 했다고 할지라도 그때 당신은 당신이 하나님의 사람이라는 사실을 잊지 말라. 하나님을 기억하지 않으면 우리는 쉽게 악한 것을 생각하게 된다. 그리고 자신의 입장에서 따지게 된다. "악한 것을 생각하지 아니한다"는 뜻은 악을 행할 줄 모르거나 계산을 하지 못한다는 뜻이 아니다. 하나님의 사랑이 성령에 의하여 그 마음에 부은 바 되었기에 그 마음속에 악을 기억하고 생각할 공간이 없다는 뜻이다. 언제나 의심을 주의하라. 의심은 마귀에게서 오는 것이고 의심하는 마음은 마귀에 의해 조정당하게 된다. 성령은 절대로 의심하지 않으신다.

고린도전서 13장은 성품으로 바뀌는 감정을 보여준다. 사랑은 자연스럽게 발생한다. 미리 계획을 한다고 발생하는 것이 아니다. 그러나 사랑의 개발은 그렇지 않다. 자연적인 사랑이든 영적인 사랑이든 사랑은 조심스럽게 개발되어야 한다. 사랑은 부지런히 경작되어야 유지될 수 있다. 또한 사랑의 마음을 올바르게 경작하지 않으면, 사랑은 쉽게 정욕으로 바뀐다. 정욕은 "내가 원하는 것을 나는 가져야 한다"는 정신이다. 사람의 마음이 먼저 하나님으로 인해 최고로 만족되지 않으면 그 마음이 원하는 사랑은 안전할 수 없다. 인간의 마음의 심연은 오직 예수 그리스도만이 만족시킬 수 있다. 이것이 가장 근본적인 진리이다. 그러나 이 진리를 모를 때 인간의 삶은 언제나 비극으로 끝난다.

33장 하늘나라에서 가장 작은 자

"그러므로 누구든지 이 계명 중의 지극히 작은 것 하나라도 버리고 또 그같이 사람을 가르치는 자는 천국에서 지극히 작다 일컬음을 받을 것이요 누구든지 이를 행하며 가르치는 자는 천국에서 크다 일컬음을 받으리라" 마 5:19.

요한 웨슬리가 이 구절을 설명할 때 "이 작은 계명 중의 하나라도 어기면서 그렇게 가르치는 자는 하나님 나라에 결코 들어갈 수 없다"고 하였다. 그러나 주님께서 경고하신 내용은 하나님 나라 안에서 '지극히 작은 자'가 될 수 있다는 가능성이다. 사도 바울이 자신을 '모든 성도 중에 가장 작은 자'라고 말할 때, 그는 이 기준에 의해 말한 것이 아니라 자신을 평가할 때 그렇다는 뜻이다엡 3:8.

"천국에서 지극히 작다"는 뜻은 정확하게 무슨 뜻일까? 이 구절은 우리에게 성경을 정확하게 연구하여 하나님의 계명과 규례를 찾아야 할 필요성을 지적한다. 우리가 영적인 삶을 살아갈 때 하나님의 영은 아주 사소한 것까지 교육하신다. 즉, 성령께서는 하나님의 계명을 우리의 모든 상세한 영역까지 적용하게 하신다. 우리는 종종 악한 행동을 행함으로 우리를 깜짝 놀라게 하는 그리스도인들을 보곤 하는데, 그렇다고 그들이 그리스도인들이 아니라고 말할 수는 없다. 나중에 보면 악한 행동을 했던 그들이 과거에 부주의하던 것들을 더욱 주의하게 되면서 하나님의 길로 발전하는 것을 볼 수 있기 때문이다.

히브리 기자는 '얽매이기 쉬운 죄'에 대해 경고한다. 지금 이 시대의 정신은 참으로 하나님의 계명에 대하여 우리의 마음을 무디게 만들고 있다. 심지어 목사들과 교사들마저 사람들의 영적인 삶에 대해 아무런 문제 의식을 느끼지 못하는 그러한 잘못된 문화가 자리잡고 있다. 따라서 그들은 사람들에게 하나님 앞에서 무엇을 책임져야 하는지에 대해 말하지 못하고 있다. 먼 훗날 그들이 하나님 앞에 서게 될 때 그들은 마땅히 행하며 가르쳐야 했을 것들에 대해 가르치지 않은 것을 보면서 후회하게 될 것이다. 그들은 하나님께 영광을 올릴 기회들을 다 놓치고 말았다. 이러한 어리석은 자리까지 가게 되는 이유는 하나님의 계명을 더욱 주의 깊게 연구하고 그 내용들을 사람들에게 가르치기보다 점점 개인적인 자유와 독자적인 권리를 주장하였기 때문이다. 이때 하나님께 '많은 열정을 가진 사람들이' 이러한 목사 및 교사들을 향하여 그들은 하나님 나라에 들어갈 수 없다'고 판단하기가 쉽다. 그러나 주님께서는 그들을 천국 밖으로 쫓아내는 것이 아니라 '천국 안에서' 가장 작은 자가 되게 하신다.

　이 경고는 우리로 하여금 하나님의 계명에 더욱 민감하게 만든다. 조금이라도 주의 진리를 가리는 부패가 있다면 치를 떨게 한다. 영적 전쟁을 치르는 우리의 자세는 세상의 기준과 타협하려는 마음을 가질 때 흐지부지해진다. 만일 주의 말씀과 계명을 가르칠 때 세상과 타협한다면 이는 주께서 경고하신 위험한 자리로 달려가는 것이다.

　하나님의 계명에 따라 거룩한 삶을 살아가는 습관을 개발하고 유지하는 것은 신자들이 배워야 할 최고의 교육이다. 우리가 무지하기 때문에 하나님께서 넘어가 주시는 때가 있다. 하지만 주님의 계명을 알면서 가볍게 여기거나 우습게 여기는 경우에는 책임을 추궁하신다. 동료들이 하나님의 계명을 어기고 있을 때 그들을 엄격하게 대하는 것이 어려워서 그냥 내버려둔 적이 얼마나 많은가? 주님은 우리가 "천국에서 지극히 작은 자로 불리게 될 것"이라고 말씀하신다. 주의 계명을 어기는 자들을 볼 때 복음의 사역자로서 우리가 해야 할 일은 그들이 주님 앞에 어떻게 서게 될 것인지를 알려주고 구세주이신 주님을 계속적으로 뵐 수 있도록 도와야 한다. 그러나 우리 자신도 그들에게 복음을 전파한 후에 낙오자가 되지 않도록 주의해야 한다.

　계명을 지키는 문제는 구원을 얻는 것과는 별개라고 가르치는 것은 말할 가치도 없는 논쟁이다. 만일 하나님을 향한 나의 사랑이 희미하고 별 볼일 없는 것이 된다면 주의 계명을 지키는 것이 특권으로 느껴지기보다 오히려 부담스럽게 느껴질 것이다. 그렇게 되면 우리는 가장 기본적인 것만 간신히 지키려 할 것이다. 이러한 경우는 혹시 천국에 들어갈 수는 있을지라도 '천국에서 지극히 작은 자'라는 칭호를 결코 피하지 못할 것이다. 우리의 마음과 생각과 영혼이 언제나 주 예수 그리스도의 영광과 하나님의 영광을 위하여 최선을 다하도록 하라.

34장 그리스도 안에서 바울 따라하기

"이로 말미암아 내가 주 안에서 내 사랑하고 신실한 아들 디모데를 너희에게 보내었으니 그가 너희로 하여금 그리스도 예수 안에서 나의 행사 곧 내가 각처 각 교회에서 가르치는 것을 생각나게 하리라"고전 4:17.

당신은 "어떻게 내가 바울을 따를 수 있다는 말인가? 나는 바울처럼 가말리엘 아래서 교육을 받지도 못하였고 바울처럼 은사가 있지도 않다"고 말할지도 모르겠다. 그러나 고린도전서 4장에서 바울의 주장을 주목하라.

"누가 너를 남달리 구별하였느뇨 네게 있는 것 중에 받지 아니한 것이 무엇이냐"고전 4:7.

위의 구절에서 바울이 말한 것은 선천적인 재능과 능력 등과는 전혀 관계가 없다. 바울은 "그리스도 안에서 나의 행사를 따르라"고 말한다.

회심의 행사

"대답하되 주여 누구시니이까" 행 9:5.

하나님께서 어떤 사람에게 사별이나 병, 재난 등을 허락하시는 때는 그 사람을 초자연적으로 만지시는 때이다. 당신은 당신의 삶이 광채 가운데 사실 그대로 드러날 때 어떻게 했는가? 당신은 다소의 바울처럼 "주여 누구시니이까"라고 말하였는가? 바울을 떨게 만든 것은 하늘로부터 내려온 초자연적인 빛이 아니라 그에게 들린 목소리 곧 멸시받은 나사렛 목수의 목소리였다.
"나는 네가 핍박하는 예수라."
이때 바울은 두려움으로 놀란 가운데 말한다.
"주여, 내가 무엇을 하리이까?"
바리새인으로서 강한 의지력을 가졌던 지독한 바울은 순식간에 주 예수님께 헌신된 겸손한 종이 되었다. 주목할 것은 바울이 회심하는 순간에 죄에 대한 언급이 없었다는 점이다. 물론 이에 대한 언급은 후에 나온다. 회심의 순간에 바울은 주님의 주권을 향해 완전히 항복하였다.

따로 성별됨

"그가 내 이름을 위하여 얼마나 고난을 받아야 할 것을 내가 그에게 보이리라"행 9:16.

사울(바울)의 삶에 엄청난 변화가 발생하였다. 그는 자신의 왕위에 예수님을 주로 모셨다. 이제 아나니아가 찾아와 그를 '형제 바울'이라고 부른다. 그러면서 "사울아 주 곧 네가 오는 길에서 나타나셨던 예수께서 나를 보내어 너로 다시 보게 하시고 성령으로 충만하게 하신다"라고 말한다행 9:17. 바울의 눈이 다시 뜨였을 때 그에게는 예수 그리스도의 위격을 영적으로 알아볼 수 있는 통찰력이 생겼다. 마틴 루터는 바울이 예수 그리스도에게 중독되었다고 말한다. 바울은 잠을 잘 때나 깨어 있을 때나 예수 그리스도께 중독되어 있었다. 그가 쓴 모든 서신은 예수님을 주로 아는 확실한 지식으로 인쳐져 있다. 이것이 성령 세례의 가장 놀라운 증표이다. 다른 모든 관심은 다 사라지고 오직 예수만 남은 것이다.

내 눈이 예수 그리스도를 본 이후로,
나는 다른 모든 것을 볼 수 없게 되었다네.

성령 세례는 우리를 예수님의 증인으로 만든다. 예수님께서 무엇을 하실 수 있는가를 증거하는 것이 아니라-이는 초보적인 증거이다-예수님 그분을 증거한다. 우리에게 임하는 영은 예수님을 위하여 우리로 무엇을 '하게 하는' 영이 아니라 우리로 주님께 완벽한 기쁨이 '되게 하는' 영이다.

바울은 고난 받는 것을 영광스럽게 여겼다. 그는 그가 받는 모든 고난에 대해 '잠시 받는 경한 환난'이라고 불렀다. 이것이 초자연적인 승리자의 환호성이다. 당신은 바울이 "나는 마귀와 싸워서 승리하였다"라고 하는 말을 들은 적이 없을 것이다. 그 이유는 영원한 승리자가 바울을 사로잡았고, 그는 단지 예수 그리스도의 완전한 소유였기 때문이다.

의논의 방법

"그러나 내 어머니의 태로부터 나를 택정하시고 그의 은혜로 나를 부르신 이가 그의 아들을 이방에 전하기 위하여 그를 내 속에 나타내시기를 기뻐하셨을 때에 내가 곧 혈육과 의논하지 아니하고"갈 1:15-16.

하나님의 부름을 깨달았을 때 바울은 혈육과 의논하지 않았다. 친척이나 가족이나 그 누구와도 상의하지 않았다. 하나님과 함께 광야에 홀로 있는 바울을 상상해보라. 그곳에서 성령께서 바울의 마음속에 역사하시며 후에 바울의 서신에 기록될 계시들을 보여주신다. 지금 바울이 어떻게 의논하고 있는지 그 그림이 보이는가? 하나님께서 당신에게 말씀하실 때 당신은 무엇을 하는가? 가장 가까운 성도를 찾아가 주님께서 주신 말씀에 대하여 의논하는가? 그렇게 하는 것은 잘못하는 것이다. 만일 하나님께서 말씀하시면 성령님을 의지하는 가운데 하나님과만 의논하라. 그러면 주님께서 그 문제를 해결해주실 것이다. 예수님께서는 "내 양은 내 음성을 듣는다"고 말씀하셨다. 많은 사람들이 바울의 의논 방법을 따르지 않기 때문에 잘못된 길로 가게 된다. 거듭난 영혼들은 일이 아니라 주님을 증거하도록 부추겨져야 한다. 그들은 하나님께 깊게 젖어야 할 필요가 있다. 그래야 하나님의 계시에 뿌리를 내리고 터를 세우게 된다. 또한 예수 그리스도께 의지적으로, 지적으로 철저하게 순복하는 법을 배우게 된다.

신뢰의 방법

"나도 육체를 신뢰할 만하니"빌 3:4.

만일 어떤 사람이 육체로 자랑할 만한 이유가 있다면 바울은 자신에게도 자랑할 것이 있다고 말한다.

"히브리인 중에 히브리인이요 율법으로는 바리새인이요 열심으로는 교회를 핍박하고 율법의 의로는 흠이 없는 자로라"빌 3:5-6.

그러나 바울은, 그리스도인들은 "그리스도 예수로 자랑하고 육체를 신뢰하지 아니하는" 자들이어야 한다고 말한다. "사람을 자랑하지 말라"고전 3:21고 권면한다. 최고의 사람은 기껏해야 '사람'일 뿐이다. 최고의 사람에게 의지하지 말고 오직 주 예수님만 신뢰하라. 만일 당신이 성결하게 된 후에 단 일초라도 당신의 육체를 신뢰하면 그곳에는 사형 선고가 있을 뿐이다. 옛사람으로부터 어떠한 조언도 구하지 말라. 자연적인 것을 하나님의 뜻에 따라 희생하는 것을 배우라.

십자가의 방법

"내가 달려갈 길과 주 예수께 받은 사명 곧 하나님의 은혜의 복음을 증언하는 일을 마치려 함에는 나의 생명조차 조금도 귀한 것으로 여기지 아니하노라"행 20:24.

현대인들의 조언은 다음과 같다.
"자, 조심하세요. 너무 많이 일하지 마세요. 당신 스스로를 돌보아야 합니다."
그러나 바울의 삶에는 오직 단 한 가지의 애착이 있었다. 그것은 예수 그리스도께서 영광을 받으실 수 있도록 자신이 쓰임받는 것이다. 바울은 "내가 내 몸을 쳐 복종하게 한다"고 말한다. 즉, 몸이 나를 다스리는 것을 허락하지 않는다는 뜻이다. 바울에게는 주 예수님께 사명을 받은 후에 그 사명을 이루는 것 외에는 다른 아무것도 중요하지 않았다.

> "이 사람은 내 이름을 … 임금들 앞에서 전하기 위하여 택한 나의 그릇이라" 행 9:15.

바울은 조금도 두려워하지 않고 자신에게 맡겨진 사명을 감당했다. 바울은 자신이 전파하는 내용과 강하게 결탁되어 있었기에, 우리는 바울과 그의 증거를 분리시킬 수 없다. 바울 서신은 그가 예수 그리스도와 그분의 십자가에 못 박히신 것 외에는 아무것도 알지 않기로 작정했음을 증명한다. 그는 가슴 아픈 일, 환난, 고통을 오직 단 한 가지 이유를 위해 환영하였다. 이러한 모든 일들마저 하나님의 은혜의 복음을 향한 바울의 헌신을 조금도 흔들어놓지 못하였다.

하나님은 그리스도 안에서의 바울의 행사들이 기록되도록 하셨다. 따라서 우리는 하나님의 영광을 위하여 바울의 행사를 배우고 따라가야 한다.

35장 제자도

"그리스도는 화려한 세상 경력을 다 부수고 고통과 슬픔과 죽음을 허락하신다."_포시스 박사전쟁에 관한 그리스도인의 윤리, 1916.

제자도로 부름

"아무든지 나를 따라오려거든 자기를 부인하고 날마다 제 십자가를 지고 나를 따를 것이니라"눅 9:23.

제자도로 부르시는 예수님의 부르심에는 매력적인 면도 있지만 힘든 면도 있다. 우리는 주의 부르심의 힘든 면을 거의 언제나 무시한다. 제자가 되는 것과 구원을 받는 것에는 차이가 있다. 제자가 되는 데 걸림돌이 반드시 나쁜 행위들만은 아니다. 제자가 아니더라도 누구든지 죄와 과오를 포기할 수 있다. 제자가 되는 데 가장 어려운 문제는 자신에 대한 권리를 포기하는 것이다. 나는 예수님께 '나의 주'로 왕관을 씌우겠는가? 주께서 제자로 부르실 때 가장 기본으로 고려하시는 조건은 자신에 대한 권리를 포기하는 것이다. 이를 자기 부인이라고 한다.

"청함을 받은 자는 많되 택함을 입은 자는 적으니라" 마 22:14.

적은 수의 사람들만이 십자가를 지고 주님을 따를 것이라는 말씀이다. 사람들이 제자가 되기를 싫어하는 이유는 제자가 된다는 것이 종교적이지 않거나 나쁘기 때문이 아니다. 예수님께서 자신들의 주가 되심을 좋아하지 않기 때문이다. 우리는 지옥으로부터 구원과 죄 사함에 대해 듣는 것을 좋아한다. 그러나 주님께 가까이 갈수록 요구가 많아진다. 그러면 우리는 다시 뒤로 물러난다.

"그때부터 그의 제자 중에서 많은 사람이 떠나가고 다시 그와 함께 다니지 아니하더라" 요 6:66.

이제 그들은 예수님을 따르지 않았으며 실제적으로 더 이상 제자가 아니었다. 만일 당신이 제자가 되려고 한다면 당신의 경력을 다 잃어버려야 할지도 모른다. 이에 대하여 준비가 되어 있는가? 주님은 당신에게 당신이 그런 희생을 치를 만한 가치가 되는 분이신가?

"아무든지 나를 따라오려거든"눅 9:23.

여기서 '아무든지'라는 의미는 '원하지 않는 사람은 굳이 나의 제자가 될 필요가 없다'는 뜻이다. 그러나 당신이 제자가 되기를 포기한다면, 당신의 삶은 주님께 아무런 가치가 없게 될 것이다. 그리스도인의 삶이 우리에게 불만족스러운 이유는, 성령께서 우리의 마음속에서 계속 한 가지 문제로 다투고 계시기 때문이다. 그것은 바로 자신에 관한 나의 권리를 주께 양도하는 부분이다. 내가 진심으로 마음과 뜻을 다하여 이 권리를 예수 그리스도께 양도하기 전까지, 나는 결코 주님께서 원하시는 제자 관계를 주님과 맺을 수 없다.

제자도의 소통

"랍비여 어디 계시오니이까 … 와서 보라"요 1:38-39.

예수님께는 매우 자연적인 부분들이 있지만 여전히 초자연적인 부분들도 있다. 우리는 예수님께서 누군가에게 강요하시는 것을 볼 수 없다. 이 구절에서 사람들이 예수님께 찾아와 물었다.
"선생님, 어디서 사십니까?"
예수님께서 대답하셨다.
"와서 보라."

분명하고 단순한 대답이지만 신적인 능력으로 가득 찬 대답이다. 성령에 의하여 인이 찍힌 기독교와 인간적인 황홀함 및 열광에 인이 찍힌 종교 간에는 커다란 차이가 있다. 후자는 초자연적인 것을 '요정 및 유령 같은 것'으로 만들어서 자연적인 것이 설 자리가 없게 만든다. 반면 전자는 초자연적인 것을 자연스럽게 만든다.

예수님은 예외적인 방법이 아니라 가장 평범한 방법으로 우리를 찾아오신다. 제자들의 발을 씻기시며, 조반을 준비하시고, 결혼식장으로 찾아오신다. 예수님의 제자들은 자신들의 죄의식 때문에 예수님께 매력을 느낀 것이 아니었다. 그들은 종교적이고 관습에 물들지 않은 순수한 사람들이었다. 그들은 본성적으로 자연적인 어떤 힘에 매료되는 사람들이었다. 그래서 그들이 예수님을 보았을 때 그들의 마음은 당장 "이분이 바로 우리가 찾던 분이다"라고 느꼈던 것이다. 죄악된 삶을 살아가지 않은 사람들이 많다. 그들을 향해 예수 그리스도는 어떤 메시지를 가지고 계실까?

제자도의 면류관

> "요한은 아무 표적도 행하지 아니하였으나 요한이 이 사람을 가리켜 말한 것은 다 참이라"요 10:41.

요한의 제자도의 면류관은 요한의 제자들이 예수님의 제자가 된 것이다.

"두 제자가 그의 말을 듣고 예수를 따르거늘"요 1:37.

결론적으로, 내가 가르쳤던 영혼들이 주님을 뵈었을 때 주를 좇지 않는다면 나는 반역자로 행하였음이 증명되는 것이다. 성경은 설교자의 인격적 매력을 전혀 중요하게 여기지 않는다. 설교자가 자신을 찾아온 자들을 예수님께로 인도하느냐가 중요하다. 만일 설교자가 자신의 인격적 매력을 기반으로 설교한다면, 그는 사람들의 관심을 예수님으로부터 자신에게 빼앗는 자이다. 설교자가 예수님을 제시해야 하는 유일한 이유는 주님만이 참으로 모든 사람에게 모든 면에서 완벽하게 모든 것이 되시기 때문이다. 많은 사람들이 신조나 복음의 어떤 부분적인 면에 헌신한다. 그러나 예수님께 인격적인 헌신을 하는 것에 대해서는 잘 모른다.

제자로의 부름은 거듭나는 것만큼 신비하다. 제자로 부름을 받으면 모든 것이 크게 변한다. 제자로의 부름은 바다나 산의 부름과 같다. 즉, 산 또는 바다의 속성을 소유한 자들이 산과 바다의 부름을 들을 수 있는 것처럼, 제자로의 부름은 아무나 들을 수 있는 것이 아니다. 제자로 부름을 받으려면 이해와 분변력에서 반드시 교육을 받아야 한다. 애매한 것을 두려워하지 말라. 삶 가운데 가장 위대한 것들은 표현하기가 애매한 것들이 많다. 그럼에도 그것들이 실체들이다.

"그러므로 너희는 가서 모든 민족을 제자로 삼아…"마 28:19.

예수님은 가서 영혼을 구원하라고 말씀하지 않으시고 제자를 삼으라고 말씀하신다. 사실 죄로부터의 구원을 선포하는 것은 비교적 쉽다. 그러나 예수님께서는 "아무든지 나를 따라오려거든 자기를 부인하고 날마다 제 십자가를 지고 나를 좇을 것이니라"고 하셨다눅 9:23. 제자로의 부르심은 영원한 구원을 얻는 것과 무관하다. 그러나 그것은 하나님께 얼마나 가치 있는 존재가 될 것인가 하는 문제와 관련된다. 대부분의 사람들은 이 땅에서 하나님 앞에서 가치 있는 삶을 사는 것에 관심이 없다. 단지 지옥으로부터의 구원과 천국에 들어갈 자격에만 관심이 있다. 그러나 이런 것들보다 훨씬 무한하게 영광스러운 것이 있다. 그것은 예수 그리스도께서 우리에게 자신을 주께 양도할 수 있는 엄청난 기회를 주셨다는 사실이다. 우리는 이 기회를 통해 우리를 초자연적으로 구원하신 주를 위해 헌신된 종이 될 수 있다.

36장 믿음에 관한 사역자의 길

믿음과 믿음의 조상들의 증거

"이 사람들은 다 믿음으로 말미암아 증거를 받았으나"히 11:39.

믿음은 절대로 정의를 내릴 수 있는 것이 아니다. 성경은 믿음에 대한 정의를 내리는 대신에 히브리서 11장 1절처럼 믿음을 서술한다.

"믿음은 바라는 것들의 실상이요 보이지 않는 것들의 증거니"히 11:1.

무엇인가에 대해 정의를 내린다는 것은 그것이 완벽하게 이해가 되었을 때만 가능하다. 또한 정의가 되는 대상은 정의를 내리는 주체보다 열등할 수밖에 없다. 예를 들어 하나님을 정의하려고 노력하는 것은 모순된다. 만일 하나님을 정의할 수 있다면 나는 하나님보다 더

크다는 뜻이 된다. 영적인 삶에 관한 한, 지적인 정의는 아무런 소용이 없다. 믿음은 지적으로 정의될 수 없기 때문이다. 믿음이란 모든 만물의 배후에 계시는 하나님을 볼 수 있는 타고난 역량이다. 믿음은 당신을 영원한 하나님의 자녀로 유지시키는 신비한 것이다. 당신에게 믿음이란 무엇인가? 기이한 것인가, 아니면 당신이 만들어낸 종이 상자 같은 것인가?

이상을 추구하지 않는 만족이란 죽음으로부터 오는 평강일 수 있다. 그러나 경이로움은 생명의 가장 근본이 되는 부분이다. 경이로움을 잃지 않도록 주의하라. 경이로움을 잃게 되는 첫째 단계는 종교적 확신이다. 당신이 자신에 대한 진부한 간증을 할 때마다 경이로움은 사라진다. 구원 또는 성결의 유일한 증거는 경이로움이 계속 커가는 것이다. 보이는 만물로 인한 경이로움이 아니라 만물을 창조하신 주님으로 인한 경이로움이다.

믿음의 사람들은 짜맞춘 틀로 정의된 믿음의 사람들이 아니었다. 믿음의 영웅들은 "보이지 아니하는 자를 보는 것같이 하여 참았기 때문"에 영웅들이 되었다. 히브리 기자가 언급하는 믿음의 행위들은 하나님에 대해 정의를 내릴 수 있을 만큼 영리한 지성을 소유한 자들의 행위로 간주될 수 없다.

믿음의 영웅들은 신념 때문이 아니라 주를 향한 믿음 때문에 고문을 당했다. 성경에는 믿음의 영웅들과 관련해서 죄로부터의 구원에 관한 언급이 없다. 오직 그들의 믿음이 강조될 뿐이다.

하나님은 우리가 그들이 가졌던 믿음을 가질 수 있도록 훈련시키신다. 즉, 어떠한 상황에서도 하나님을 끈질기게 붙드는 믿음을 갖도록 우리를 훈련시키신다. 당신은 하나님만 신뢰하는 삶에 대하여 알고 있는가? 아니면 믿음이 무엇인지에 대해 끝없이 신학적인 정의를 내리기 위해 애쓰는가? 믿음은 비록 정의될 수는 없지만 모든 배후에 하나님이 계심을 확신한다. 우리가 믿음으로 나아갈수록 성령께서 그 믿음을 더욱 분명하게 해주신다.

믿음과 내재하시는 증거자

"믿음의 주요 또 온전하게 하시는 이인 예수를 바라보자"히 12:2.

내재하시는 증거자는 우리 주 예수 그리스도시다. 히브리 기자는 예수님의 삶에 관하여 세 가지 특징을 나열한다. 기쁨, 내려놓음, 그리고 보상이다.

믿음의 삶의 첫 번째 요소는 기쁨이다. 기쁨은 우리가 창조된 목적이 완벽하게 이루어질 때 임한다. 기쁨은 단순한 행복이 아니다. 성경에는 그리스도인의 행복이란 말이 없다. 그러나 기쁨에 대해서는 셀 수 없이 많이 언급된다. 예수님께서는 "지금 내가 아버지께로 가오니 내가 세상에서 이 말을 하옵는 것은 그들로 내 기쁨을 그들 안에 충만히 가지게 하려 함이니이다"라고 말씀하셨다요 17:13.

믿음의 삶의 두 번째 요소는 내려놓음을 깨닫는 것이다. 즉, 나의 삶을 예수 그리스도께 사랑의 선물로 드릴 때의 기쁨을 깨닫는 것이다.

"누구든지 나를 위하여 제 목숨을 잃으면 구원하리라"눅 9:24.

믿음의 삶의 세 번째 요소는 보상이다. 보상이란 하나님께서 내 삶을 통해 주의 뜻을 완성하셨다는 사실을 알 때의 궁극적인 즐거움이다. 이것은 만족 가운데 쉰다는 차원의 즐거움이 아니라 하나님과 완벽하게 일치된 가운데 의식되는 즐거움이다.

믿음과 깨어 있는 증거자

"이러므로 우리에게 구름같이 둘러싼 허다한 증인들이 있으니 모든 무거운 것과 얽매이기 쉬운 죄를 벗어버리고 인내로써 우리 앞에 당한 경주를 경주하며"히 12:1.

●● 가볍게 하고 뛰어라

거룩하게 보이는 사람들을 흉내내면서 살려고 하면 짐이 된다. 우리는 거룩해 보이는 사람들과는 상관이 없다. 우리는 '예수를 바라보는' 일에만 관련되어 있다.

당신의 인생의 배에는 사람들에게 보이려는 무거운 짐이 얼마나 많은가? 얼마나 많은 고정관념을 세워놓고 살아가는가? 그러니 신경쇠약으로 쓰러지는 것이 당연하다. 마귀를 피하듯이 고정관념을 피하라.

무엇인가에 대해 어떤 정의를 내리는 순간부터 당신은 그 정의가 부서지기 전에는 그것으로부터 아무것도 배울 것이 없다. 정의를 내리는 것과 인간의 권위는 믿음을 떨어뜨리는 요소이다. 이러한 의미에서 우리는 예수 그리스도에 관한 한, 아무런 정의를 내릴 수 없다. 예수 그리스도는 항상 모호하게 가르치셨다. 우리는 신앙생활의 처음 단계에서 주님의 가르침이 분명하다고 생각하고 우리 나름대로 내린 진부한 정의를 붙든다. 그러나 곧 그 정의 가운데 하나님의 놀라운 생명이 없음을 발견하게 된다.

●● 앞을 보며 뛰어라

예수님만 바라보고 다른 아무것도 보지 말라. 주님을 떠나서 안식하는 것은, 주님께서 당신에게 허락하신 안식이라 하더라도, 중심에서 멀어지는 것이다. 첫째도, 둘째도, 셋째도 오직 예수 그리스도여야 한다. 그리스도의 생명이 당신을 기이함과 사랑과 찬양으로 가득 차게 하도록 하라.

●● 계속 배우라

"주의 징계하심을 경히 여기지 말며 그에게 꾸지람을 받을 때에 낙심하지 말라"히 12:5.

배우기를 멈추지 말라. 사람이 침체에 빠지는 것은 타락 때문이 아니라 배우기를 멈추기 때문이다. 배우기를 멈추면 그 마음이 잘못된 정신 상태에 빠지게 된다. 우리는 징계를 통해 배운다.

하나님께서는 천국을 보석이 아니라 하나님의 자녀들로 채우시기 위해 자녀들을 징계하신다. 하나님의 자녀들은 자라나야 한다. 하나님은 우리를 다루실 때 절대로 급하지 않으시다. 믿음의 삶을 계속 살다보면 당신은 모든 것이 매우 단순해지는 것을 발견하게 되면서 '정말로 삶이 이럴 수 있는가' 하고 의아하게 여기게 된다. 그 이유는 당신이 경험해왔던 삶과 매우 다르기 때문이다.

당신 자신과 다른 사람에게 종이 되지 않도록 주의하라. 압박이나 낙심은 결코 하나님의 영으로부터 오지 않는다. 성령은 절대로 압박하거나 강요하지 않으시고, 책망하고 위로하신다.

우리를 굴레에 빠뜨리는 것은 우리 자신의 무의식적인 완고함이다. 그러나 예수님 앞에서 우리는 우리가 얼마나 비뚤어져 있고 무지하고 불성실한지 발견한다. 하나님께서 우리 삶의 지경을 넓히시려고 하실 때 우리는 뒤로 물러선다. 믿음을 요약하면 곧 예수님의 산상수훈이다. 산상수훈의 핵심은 "하나님과의 관계 외에 다른 그 어떠한 것을 염려하지 않도록 하라"는 것이다.

37장 예수께 나아가는 삶

확실성의 하층 기반

"바울이 아레오바고 가운데 서서 말하되 아덴 사람들아 너희를 보니 범사에 종교심이 많도다 내가 두루 다니며 너희가 위하는 것들을 보다가 알지 못하는 신에게라고 새긴 단도 보았으니 그런즉 너희가 알지 못하고 위하는 그것을 내가 너희에게 알게 하리라 우주와 그 가운데 있는 만물을 지으신 하나님께서는 천지의 주재시니 손으로 지은 전에 계시지 아니하시고 또 무엇이 부족한 것처럼 사람의 손으로 섬김을 받으시는 것이 아니니 이는 만민에게 생명과 호흡과 만물을 친히 주시는 이심이라 인류의 모든 족속을 한 혈통으로 만드사 온 땅에 살게 하시고 그들의 연대를 정하시며 거주의 경계를 한정하셨으니 이는 사람으로 혹 하나님을 더듬어 찾아 발견하게 하려 하심이로되 그는 우리 각 사람에게서 멀리 계시지 아니하도다 우리가 그를 힘입어 살며 기동하며 존재하느니라 너희 시인 중 어떤 사람들의 말과 같이 우리가 그의 소생이라 하니 이와 같이 하나님의 소생이 되었은즉 하나님을 금이나 은이나 돌에다 사람의 기술과 고안으로 새긴 것들과 같이 여길 것이 아니니라"행 17:22-29.

하층 기반은 보이지 않지만 근본적인 요소가 되는 부분을 말한다. 이 기반 위에, 눈으로 보이는 모든 것이 있다.

기독교의 기반과 나의 신앙 체험은 서로 다른 것이다. 건축물이 터 위에 서 있어야 하는 것처럼, 우리의 체험은 믿음의 터 위에 서 있어야 한다. 그러나 이 둘은 서로 연관되어야 한다. 그리스도인의 삶에서 불만족이 생기는 이유는 터가 무시되기 때문이다.

사람들은 기독교의 믿음의 터를 체험할 수 없을 때 기독교를 불필요한 것으로 여기고 버리게 된다. 그 이유는 사람들에게는 체험보다 그 체험을 가능케 하는 터가 더 필요하기 때문이다. "영혼을 구원하는 데는 신학이 필요없다"고 말하는 것은 집을 원하지만 터가 무슨 소용이 있느냐고 말하는 것과 같다. 즉, 터 없는 집을 원한다는 것이다. 그러나 폭풍이 칠 때 터가 얼마나 중요한지 깨닫게 된다. 터 위에 서 있지 않은 집마다 다 무너지기 때문이다마 7:24-27.

신학은 기독교에 관한 과학이다. 많은 사람들이 신학을 오직 체험만으로 증명할 수 있는 정신적 추측 사역으로 오해하고 있다. 그러나 기독교 신학은 계시의 확실성을 체계적으로 설명한다. 만일 우리의 가르침과 설교가 신학이라고 하는 경험될 수 없는 것들에 근거하고 있지 않다면 이러한 가르침과 설교는 기생하는 신자들만 만들어내게 된다. 즉, 다른 사람들이 먹여주어야만 살아갈 수 있는 성도들을 만들어내게 된다. 우리는 '하나님 나라'라고 하는 가장 위대하고 확실한 근본에 뿌리를 내리고 있으며 그 나라를 바탕으로 가장 위대한 확신 속에서 수고한다. 만일 체험을 바탕으로 수고한다면 곧 지쳐 쓰러지게 될 것이다.

나는 영적 체험을 재창출할 수 있는 근본적인 진리들에 대하여 무엇을 알고 있는가? 체험은 결과이다. 믿음은 체험이 아니라 체험으로는 붙들 수 없는 하나님께 두어야 한다. 모든 체험보다 무한하게 크신 하나님께 기초할 때 나의 체험을 설명할 수 있다. 하나님으로부터 벗어난 체험은 대단히 위험하다. 따라서 우리는 우리가 예배하는 그분이 누구신지 잘 알기 위해 시간을 들여야 한다. 우리는 신비가 아니라 계시를 통해 하나님을 예배한다.

"그런즉 너희가 알지 못하고 위하는 그것을 내가 너희에게 알게 하리라" 행 17:23.

내가 어떻게 하나님을 알 수 있는가? 예수 그리스도께서 하나님을 계시하셨다.

"나를 본 자는 아버지를 보았거늘" 요 14:9.

나는 하나님을 체험에 가둘 수 없다. 모든 체험은 예수 그리스도께서 계시하신 하나님으로부터 와야 한다.

조심스럽게 세워야 할 건축물

"내게 주신 하나님의 은혜를 따라 내가 지혜로운 건축자와 같이 터를 닦아두매 다른 이가 그 위에 세우나 그러나 각각 어떻게 그 위에 세울까를 조심할지니라 이 닦아둔 것 외에 능히 다른 터를 닦아둘 자가 없으니 이 터는 곧 예수 그리스도라 만일 누구든지 금이나 은이나 보석이나 나무나 풀이나 짚으로 이 터 위에 세우면 각 사람의 공적이 나타날 터인데 그날이 공적을 밝히리니 이는 불로 나타내고 그 불이 각 사람의 공적이 어떠한 것을 시험할 것임이라 만일 누구든지 그 위에 세운 공적이 그대로 있으면 상을 받고 누구든지 그 공적이 불타면 해를 받으리니 그러나 자신은 구원을 받되 불 가운데서 받은 것 같으리라"고전 3:10-15.

건축물은 터 위에 세워진 것을 말한다. 우리는 지혜로운 건축자가 되어야 한다. 건축물은 반드시 터 위에 서야 한다. 불에 견딜 수 있는 것으로 기초 위에 세워져야 한다. 자기 유익은 불을 견딜 수 없다. 이는 하나님의 속성이 아니다. 우리에게는 언제나 근본적인 것을 무시하고 눈에 보이는 유익에 따라 건축물을 세우려는 위험이 있다. 현실 속에서 우리의 관심을 빼앗는 것은 바로 우리가 추구하는 것이다. 오늘날 대부분의 사람들은 뭐든지 효율적인 것만 추구하는 '실용' 정신에 빠져 있다. 그들은 "모든 것이 실리적이어야 한다!"라고 주장한다. 뭐든지 열심히 하라고 한다. 앉아서 생각하거나 기도할 시간을 갖지 말라고 한다. 이는 시간 낭비라는 것이다.

지금 이 시대에 필요한 것은 현실적으로 바르게 사는 것이다. 이렇게 살려면 거듭나야 할 뿐 아니라 올바른 터 위에서 영양분을 공급받아야 한다.

"각 사람의 공적이 나타날 터인데 그날이 공적을 밝히리니 이는 불로 나타내고 그 불이 각 사람의 공적이 어떠한 것을 시험할 것임이라"고전 3:13.

만일 우리가 그리스도의 터 위에 자신의 인간적 에너지로 공력을 세우면 언젠가 하나님의 임재의 불에 닿게 될 때 그 모든 공력이 다 타버릴 것이다. 그 공력은 실체의 속성과 무관하며 그리스도의 터에 속하지 않기 때문이다. 사도 바울은 고린도전서 13장 1-3절에서 감정적 에너지로 타오르는 열정, 높은 지식으로 인한 효율과 효능을 언급한다. 나는 어떤 특별한 일들을 할 수 있고 그 사실을 자랑스럽게 드러낼 수 있다. 그러나 바울은 이 모든 것이 결국 아무것도 남지 않게 되는 이유가 터 위에 서 있지 않기 때문이라고 말한다. 영원히 남게 되는 유일한 수고는 터 위에 세운 수고이다. 그 터는 바로 예수 그리스도이시다.

그리스도의 최상의 통치

"다 내게로 오라" 마 11:28.

최상은 권위와 능력에서 최고라는 뜻이다. 하나님은 우리의 순종을 강요하지 않으신다. 그러나 인간의 권력은 순종을 강요한다. 주님은 우리에게 규례와 법칙을 주지 않으시지만 기준을 분명하게 하신다. 만일 내가 주님을 사랑한다면 나는 주님께서 원하는 것이라면 조금도 주저함이 없이 하려고 할 것이다. 내가 주님을 순종하지 않는다면, 이는 주님 외에 다른 것 특히 나 자신을 더 사랑하기 때문이다.

다음 구절은 근본적인 진리와 체험적인 진리가 하나로 연결되는 말씀이다.

"내가 그리스도와 함께 십자가에 못 박혔나니 그런즉 이제는 내가 사는 것이 아니요 오직 내 안에 그리스도께서 사시는 것이라" 갈 2:20.

이 구절은 나의 독립성을 버리고 예수님의 최상의 주권에 순복하라는 뜻이다. 어떤 사람도 나 대신 이 일을 해줄 수 없다. 내가 해야 한다. 그 자리에 가면 하나님과 논쟁할 가능성은 전혀 없다. 그 자리에서는 우리가 하나님을 위해 일하는 것이 아니라 예수 그리스도께서 우리를 통해 주의 일을 하신다. 우리가 할 일은 예수 그리스도께 충성하는 것이다. 우리는 순종을 통해 주의 진리를 배운다.

예수님께 나아가는 것은 가장 희귀한 일이다. 우리는 자신의 간절함으로, 자신이 원하는 것을 위해 나아간다. 당신은 얼마나 종종 당신의 요청을 가지고 하나님께 나아가 이러한 기분으로 떠났는가.

"오, 이런. 이번에야말로 내 요청을 들어주시겠지!"

그러나 당신은 여전히 아무것도 얻지 못하고 그 자리를 떠난다. 하나님은 언제나 두 팔을 벌리고 그 자리에 계셨다. 당신을 안아주기 위해서뿐 아니라 당신이 하나님을 안기를 원하시면서 그 자리에 계셨다. 당신을 기다리는 예수님의 굴하지 않고 지치지 않는 인내를 생각해보라.

"내게로 오라."

주께 나아갈 때 우리는 자신을 주님께 완전하게 내어맡겨야 한다. 이것이 구원이다. 이는 예수님이 구원이시기 때문이다. 당신의 모든 것을 하나님께 걸라. 당신이 무엇을 하겠다고 나서면서 버릇없이 하나님께 말씀드리지 말라. 대신 주께 오라. 만일 당신이 피곤하고 무거운 짐을 졌다면 구하라. 당신이 악할지라도 하나님께 구하면 당신이 구하는 모든 것이 주의 뜻 가운데서 허락될 것이다.

역자후기

우리가 성령을 받아야 하는 가장 절대적인 이유

성령 및 성령의 역사와 관련한 여러 주제들을 다루는 오스왈드 챔버스의 책 「오스왈드 챔버스의 성령론」은 총 37장으로, 대단히 깊고 정교한 내용을 담고 있다. 이 책을 번역하면서 역자는 다시 한 번 챔버스의 깨달음 앞에 무릎을 꿇을 수밖에 없었다. 잘못된 성령론이 편만한 이 시대 가운데 챔버스가 남긴 이 책은, 예수 그리스도 및 복음 중심의 성령론을 알려주면서 독자들에게 깊은 영적 분별력을 제시하고 있다.

지금 이 시대는 성령의 이름으로 적그리스도의 영이 무분별하게 역사하고 있다. 요한일서 4장 3절은 적그리스도의 영을 분별하는 법을 요약한다. "예수를 시인하지 아니하는 영마다 하나님께 속한 것이 아니니 이것이 곧 적그리스도의 영이니라." 어떤 사람이 전하는 그리스도가 어떤 그리스도냐에 따라 적그리스도의 영을 알아낼 수 있다는 사실이다. 즉, 그리스도에 대해 어떻게 가르치는가를 보면 적그리스도의 영을 알 수 있다. 적그리스도의 영은 참된 그리스도에 대한 진리를 왜곡시켜서 적그리스도를 그리스도처럼 만들기 때문에 '반드시' 잘못 정의되는 그리스도는 성경에서 벗어나게 되어 있다. 따라서 누군가 정의하는 그리스도가 비성경적일 때 그는 무조건 적그리스도의 영에 이끌리는 사람이라고 볼 수 있다. 성경이 말하는 주 예수 그리스도가 아닌 다른 그리스도를 전하는 것은 다른 영, 다른 복음에 해당하는 적그리스도의 영이고 그 뿌리는 사탄에게 있다.

오스왈드 챔버스의 「오스왈드 챔버스의 성령론」은 영적으로 혼란한 이 시대 가운데 성령과 적그리스도의 영을 분별할 수 있도록 복음에 기초한 놀라운 분별력을 준다. 그의 글에서 가장 간단한 진리는 "성령은 주 예수 그리스도를 증거하며 높인다"는 사실이다. 나아가 "성령은 주 예수 그리스도의 보혈의 십자가를 증거한다.""그러나 진리의 성령이 오시면 … 그가 내 영광을 나타내리니"요 16:13-14에 근거한 내용이다.

오스왈드 챔버스는 자신의 영광을 위해 성령의 능력을 구하는 사람들을 향해 헛된 망상에서 벗어나라고 경고한다. 그에 의하면, 성령을 구하는 이유는 오직 주 예수 그리스도를 더욱 사랑하고 그분의 영광을 구하는 거룩한 삶을 추구하기 위해서이다.

챔버스는 어느 시대나 성령 사역에서 가장 많이 간과되는 부분이 있다고 강조한다. 그것은 성령이 우리로 하여금 주 예수 그리스도께 영광을 돌리게 한다는 점이다. 예를 들어, 성령에 의하여 감동을 받지 않은 사람은 예수님께서 세상에서 인기가 있고 자기가 원하는 것을 줄 때는 따르지만, 십자가에 달리는 실패자로 보일 때 도망간다고 한다. 그러나 성령으로 세례를 받은 사람은 주님만을 '무조건' 따르며 어느 상황에서나 주를 섬기며 증거하게 된다고 말한다. 그 이유는 성령은 언제나 어떤 상황에서나 주 예수 그리스도를 영화롭게 하시기 때문이다. 바로 이 점이 우리가 성령을 받아야 하는 가장 절대적인 이유이다. 예수님은 "그가 내 영광을 나타내리니"요 16:14라고 말씀하셨다. 예수님의 말씀에 의하면, 성령은 오직 주 예수 그리스도를 영화롭게 한다.

_ 스데반 황

오스왈드 챔버스 시리즈 11
오스왈드 챔버스의 성령론

1판 1쇄	2010년 5월 15일
1판 3쇄	2014년 10월 15일
2판 2쇄	2022년 12월 30일

지은이	오스왈드 챔버스
옮긴이	스데반 황
발행인	조애신
편집	이소연
디자인	임은미
마케팅	전필영, 권희정
경영지원	전두표

발행처	도서출판 토기장이
주소	서울시 마포구 동교로 71-1 신광빌딩 2F
출판등록	1998년 5월 29일 제1998-000070호
전화	02-3143-0400
팩스	0505-300-0646
이메일	tletter77@naver.com
인스타그램	togijangi_books_

ISBN	978-89-7782-405-8

- 이 책은 저작권 법에 따라 보호를 받는 저작물이므로 무단 전재와 무단 복제를 금합니다.
- 이 책의 전부 또는 일부를 이용하려면 반드시 저자와 도서출판 토기장이의 동의를 받아야 합니다.

도서출판 토기장이는 생명 있는 책만 만듭니다.
"우리는 진흙이요 주는 토기장이시니 우리는 다 주의 손으로 지으신 것이니이다" (이사야 64:8)